Kate Little · Annabel Thomas

Alles, was ich wissen will

über Autos, Schiffe und Flugzeuge

Inhalt

3   Erster Teil: Fahrzeuge auf Rädern

27   Zweiter Teil: Wasserfahrzeuge

51   Dritter Teil: Fahrzeuge in der Luft

Otto Maier Ravensburg

4 5 92 91

Titel der Originalausgabe: Transport Explainers
Aus dem Englischen übersetzt von Maria Rosken
Fachliche Beratung: Harald Rettig, Arne Stephan, Walter Vogt
Illustrationen von: Peter Bull, Guy Smith
Buchgestaltung: Steve Page
Umschlagkonzeption: Kirsch & Korn, Tettnang
Umschlaggestaltung: Ekkehard Drechsel unter Verwendung von
Illustrationen der Originalausgabe

© 1987 by Usborne Publishing Ltd., London
© 1988 by Ravensburger Buchverlag Otto Maier GmbH
Alle Rechte der deutschen Bearbeitung liegen beim
Ravensburger Buchverlag Otto Maier GmbH
Printed in Belgium
ISBN 3-473-35530-5

Erster Teil

Fahrzeuge auf Rädern

Inhalt

- 4 Auf Rädern durch die Welt
- 6 Woraus ein Auto besteht
- 8 So funktioniert der Motor
- 10 Unterwegs auf vier Rädern
- 12 Grand Prix-Rennen
- 14 Motorsport-Arten
- 16 Im Gelände
- 18 Auf zwei Rädern
- 20 Züge
- 24 Geschwindigkeit auf Rädern
- 26 Register

Auf Rädern durch die Welt

Dieses Buch handelt von verschiedenen Fortbewegungsmitteln auf Rädern. Es zeigt, wie die ersten Fahrräder, Motorräder, Autos und Züge ausgesehen haben und wie sie funktionierten. Außerdem erfährst du etwas über Rennfahrzeuge.

Dies sind die wichtigsten Teile eines Autos. Auf den Seiten 8 – 11 wird erklärt, wie sie funktionieren.

Auf Seite 18 werden die Unterschiede zwischen einem alten Hochrad und einem modernen Fahrrad gezeigt.

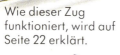

Wie dieser Zug funktioniert, wird auf Seite 22 erklärt.

Ein Formel-1-Rennwagen. Auf Seite 14 findest du weitere Informationen über Motorrennsport.

Das erste Motorrad war aus Holz gefertigt. Wie im Vergleich dazu ein modernes Motorrad aussieht, ist auf Seite 19 zu sehen.

Am Anfang war das Rad

Vor der Erfindung des Rads dienten Baumstämme als Rollen, um schwere Lasten zu bewegen.

Die ersten Räder wurden vor etwa 5000 Jahren aus massivem Holz gebaut. Jahrhunderte später wurden sie an Karren angebracht.

Dann baute man erstmals Räder mit Holzspeichen. Sie waren leichter. Ein Metall- oder Lederband um den Radkranz machte sie stabiler.

Was das Rad zum Rollen bringt

Der Mensch als „Motor"

Das erste Fahrrad hatte keine Pedale. Der Fahrer mußte die Füße vom Boden abstoßen, um dieses sogenannte Laufrad vorwärts zu bewegen.

Dampfmaschinen

Dampflokomotiven werden mit Holz oder Kohle betrieben. Das Feuer erhitzt einen mit Wasser gefüllten Tank. Der Dampf setzt eine Treibstange in Bewegung, die mit den Rädern verbunden ist und sie bewegt.

Benzinmotoren

Den Motor des Autos und des Motorrads bezeichnet man als Verbrennungsmotor. Der Kraftstoff wird verbrannt; es entsteht Energie, die die Räder antreibt.

Das erste vierrädrige Auto war eine Pferdekutsche, die mit einem Motor ausgerüstet war. Dieses Gefährt wurde von dem Deutschen Gottlieb Daimler 1886 entwickelt.

Sehr viel später baute man Räder mit Metallspeichen. Sie waren stabiler und leichter und eigneten sich gut für das Fahrrad.

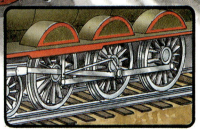

Die Räder von Zügen bestehen aus sehr hartem Stahl. Sie haben eine erhöhte Innenkante, die die Räder auf den Schienen hält.

Autos und Fahrräder haben mit Luft gefüllte (pneumatische) Reifen. So spürt man Unebenheiten in der Straße weniger.

Woraus ein Auto besteht

In der Autofabrik sind alle zum Zusammenbau benötigten Teile der Reihe nach angeordnet. Das Auto wird auf einem Fließband weiterbewegt und mit den jeweiligen Teilen versehen. Das nennt man Fließband-Montage. Ist das Auto komplett, kommt es auf den Prüfstand und wird auf Mängel getestet.

An dicken Stahlträgern wird die Karosserie auf das Fahrgestell hintergelassen.

Das Fahrgestell

Motor, Kupplung, Getriebe, Antriebswelle, Achsen und Federung werden auf dem Fahrgestell montiert. Dieses Auto hat Hinterradantrieb. Es gibt auch Autos mit Vorderrad- oder Allradantrieb.

Besonders heute wird der Motor meist vorne im Auto montiert.

Hier verbindet die Antriebswelle Motor und Getriebe mit der Hinterachse.

Kupplung und Getriebe sind nötig, damit ein Auto mit unterschiedlichen Geschwindigkeiten und auch rückwärts fahren kann.

Stoßstange · Kühler · Motor · Schaltknüppel · Getriebe · Kupplung · Lampen

Die Karosserie
Die Karosserie wird aus einem großen Stahlblech hergestellt. Die Form des Autos wird mit einer großen Maschine ausgestanzt, Türen und Fenster werden herausgeschnitten.

Zubehörteile
Lenkrad, Scheiben, Lampen, Sitze und Stoßstange sind Zubehörteile. Sie werden erst ganz am Schluß an das Auto montiert.

Die Stoßdämpfer sind von dicken Federn umgeben und tragen dazu bei, Unebenheiten in der Fahrbahn auszugleichen.

Die Räder werden an den Achsen befestigt.

Antriebswelle

Das Differential (Ausgleichsgetriebe) verbindet die Antriebswelle mit der Hinterachse.

Sitz

Lenkrad

So funktioniert der Motor

Der Motor eines Auto hat eine Reihe beweglicher Teile, die immer gut geschmiert sein müssen, damit sie funktionieren. Automotoren werden mit einem Benzin-Luft-Gemisch (oder Diesel) betrieben, das in den Zylindern durch die Zündkerzen zur Explosion gebracht wird. Wird der Motor angelassen, bewegen sich in den Zylindern die Kolben auf und ab. Diese Bewegung wird auf die Kurbelwelle übertragen. Die Kurbelwelle wiederum dreht die Antriebswelle und damit die Räder.

Der Vergaser
Im Vergaser wird Benzin mit Luft gemischt. Einströmende Luft zerstäubt das Benzin in winzig

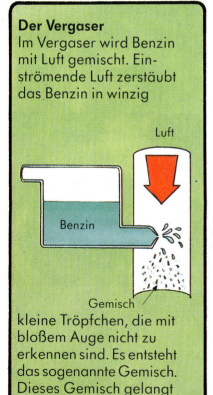

kleine Tröpfchen, die mit bloßem Auge nicht zu erkennen sind. Es entsteht das sogenannte Gemisch. Dieses Gemisch gelangt in den Zylinder.

1. Wenn sich der Kolben nach unten bewegt, wird oben das Gemisch in den Zylinder gesaugt.

2. Der Kolben bewegt sich nach oben und preßt das Gemisch im Zylinder zusammen.

3. Ein elektrischer Funke aus der Zündkerze entzündet das Gemisch. Es explodiert und drückt den Kolben nach unten.

4. Wenn sich der Kolben wieder nach oben bewegt, werden die Abgase durch das Auspuffrohr abgeleitet.

Katalysator
Bei neueren Autos ist häufig in der Auspuffanlage ein Katalysator eingebaut. So verringert sich die Menge schädlicher Abgase.

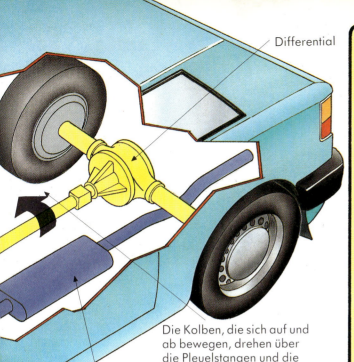

Differential

Die Kolben, die sich auf und ab bewegen, drehen über die Pleuelstangen und die Kurbelwelle die Antriebswelle.

Auspuff

Dieser Motor hat 4 Zylinder. Stärkere Motoren haben 6, 8 oder 12 Zylinder.

Kraft durch Kolben

Der Kolben im Zylinder funktioniert wie eine Kanonenkugel. Wenn das Schießpulver gezündet wird, explodiert es. Heiße Gase drücken die Kugel aus dem Rohr heraus.

Der Hinterradantrieb*

Am Ende der Antriebswelle befindet sich ein Zahnrad, das mit dem größeren Zahnrad der Hinterachse verbunden ist.

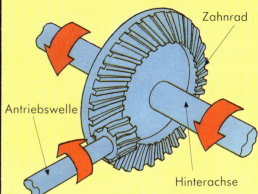

Zahnrad

Antriebswelle

Hinterachse

Die Zähne des kleineren Zahnrades greifen in die des größeren Zahnrades und bringen es zum Drehen. So setzt die Motorkraft Hinterachse und Hinterräder in Bewegung.

Wassergekühlte Motoren

Der Kühler ist ein Wasserbehälter aus Metall. Eine Pumpe spült ständig Wasser um den Motor, damit er nicht zu heiß wird.

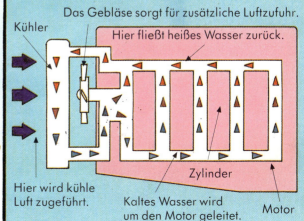

Das Gebläse sorgt für zusätzliche Luftzufuhr.

Kühler

Hier fließt heißes Wasser zurück.

Hier wird kühle Luft zugeführt.

Kaltes Wasser wird um den Motor geleitet.

Zylinder

Motor

*Dieses Bild ist stark vereinfacht. In Wirklichkeit gibt es mehrere Zahnräder an dieser Stelle (dem Differential), damit sich die Hinterräder bei einer Kurvenfahrt unterschiedlich schnell drehen können.

Unterwegs auf vier Rädern

Hier erfährst du, wie Kupplung und Gänge ein unterschiedliches Tempo ermöglichen und wie die Bremsen funktionieren.

Was sind Gänge?
Gänge sind Zahnräder, die ineinandergreifen und sich je nach Anzahl der Zähne verschieden schnell drehen.

Gang mit 10 Zacken

Gang mit 20 Zacken

Der kleinere Gang dreht sich doppelt so schnell wie der größere.

Schaltknüppel

Getriebe

Bremspedal

Viele Autos haben 4 oder 5 Vorwärtsgänge und einen Rückwärtsgang. Manche Lastkraftwagen haben bis zu 16 Gänge.

So funktioniert das Getriebe
Der Motor dreht die oberen Zahnräder des Getriebes. Diese bewegen die untere Reihe und übertragen so die Kraft auf die Räder.

Viele Autos haben Trommelbremsen an den Hinterrädern.

Gut geschaltet
Beim Anfahren legt der Fahrer den ersten Gang ein. Um ein Auto in Bewegung zu setzen, ist viel Energie nötig.

Im zweiten und dritten Gang beschleunigt man das Tempo.

Im vierten Gang wird schnell und in gleichmäßigem Tempo gefahren.

Der Rückwärtsgang verändert die Drehbewegung der Räder, so daß man rückwärts fährt.

So funktioniert die Kupplung

Will der Fahrer einen anderen Gang einlegen, tritt er das Kupplungspedal. Dadurch werden die beiden Kupplungsscheiben getrennt. Der Motor treibt die Räder nicht mehr an.

Kupplungspedal
Kupplungsscheiben aneinander (Kupplung in Betrieb)

Kupplungsscheiben getrennt (Kupplung nicht in Betrieb)

Bei den Vorderradbremsen handelt es sich meist um Scheibenbremsen.

So funktionieren die Bremsen

Tritt der Fahrer das Bremspedal, so werden die Bremsklötze gegen alle vier Räder gedrückt. Bremsklötze und Räder reiben gegeneinander. Die Räder bewegen sich immer langsamer und kommen schließlich zum Stillstand.

Trommelbremsen
Die Trommelbremse ist innen im Rad befestigt. Werden die Bremsbacken gegen die Trommel gedrückt, kommen die Räder zum Stillstand.

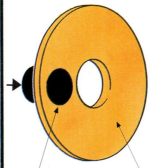
Bremstrommel
Bremsbacken

Scheibenbremsen
Innen im Rad ist eine Stahlscheibe montiert. Die Bremsbacken werden gegen die Scheibe gedrückt. Durch die Reibung werden die Räder angehalten.

Bremsbacken   Stahlscheibe

Das Steuer gut in der Hand

Die Lenkung dieses Autos erfolgt über ein Ritzel und eine Zahnstange, das sogenannte Zahnstangengetriebe.

Ritzel   Zahnstange

Das Ritzel wird durch das Lenkrad gedreht und bewegt die Zahnstange. Diese Bewegung wird dann auf die Räder übertragen.

Grand Prix-Rennen

Das höchste Ziel beim Motorsport ist ein Sieg in der Formel-1-Weltmeisterschaft. Um diese Meisterschaft kämpfen die Fahrer jedes Jahr viele Monate lang auf Rennstrecken der gesamten Welt. Während der 16 Grand Prix-Rennen legen sie über 5000 Kilometer zurück. Die Fahrer erhalten Punkte, wenn sie unter den ersten sechs sind, die ins Ziel gelangen. Es gibt zwei Weltmeisterschaften: die Fahrer- und die Automarken-Weltmeisterschaft.

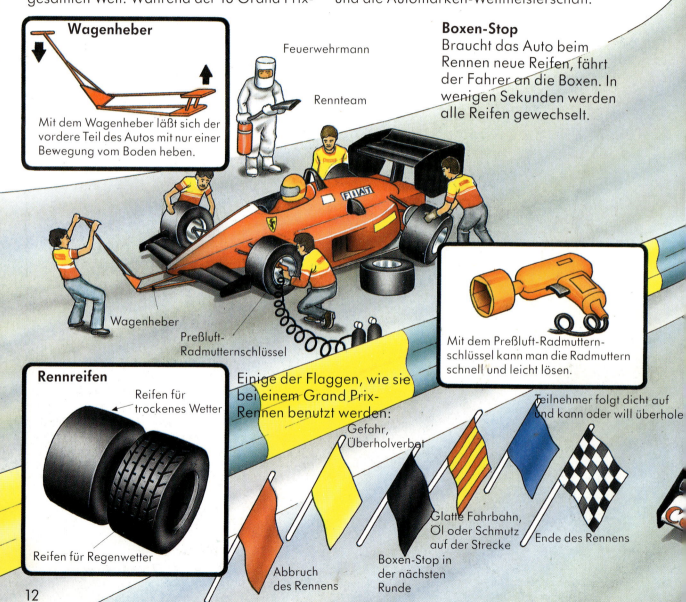

Wagenheber
Mit dem Wagenheber läßt sich der vordere Teil des Autos mit nur einer Bewegung vom Boden heben.

Feuerwehrmann

Rennteam

Boxen-Stop
Braucht das Auto beim Rennen neue Reifen, fährt der Fahrer an die Boxen. In wenigen Sekunden werden alle Reifen gewechselt.

Wagenheber

Preßluft-Radmutternschlüssel

Mit dem Preßluft-Radmutternschlüssel kann man die Radmuttern schnell und leicht lösen.

Rennreifen
Reifen für trockenes Wetter
Reifen für Regenwetter

Einige der Flaggen, wie sie bei einem Grand Prix-Rennen benutzt werden:

Gefahr, Überholverbot

Abbruch des Rennens

Boxen-Stop in der nächsten Runde

Glatte Fahrbahn, Öl oder Schmutz auf der Strecke

Teilnehmer folgt dicht auf und kann oder will überhole

Ende des Rennens

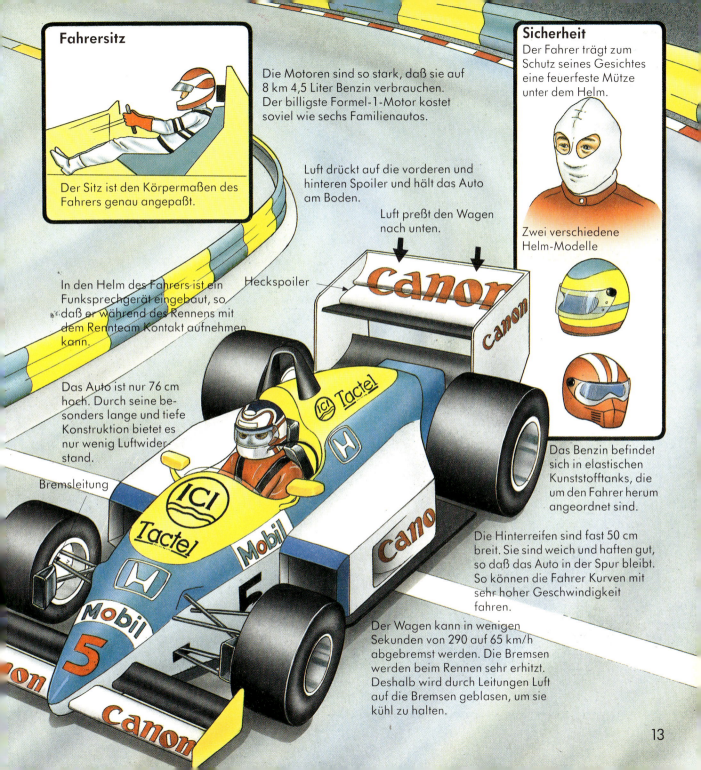

Motorsport-Arten

Es gibt verschiedene Arten von Motorsport. Hier werden drei vorgestellt. Die Autos unterscheiden sich voneinander und werden eigens für die jeweilige Sportart konstruiert.

Sprint-Rennen
Hierbei handelt es sich um einen Geschwindigkeitsvergleich zwischen jeweils zwei Wagen. Gemessen wird auf einer geraden Strecke von 400 m oder 800 m.

Das Rennen
Der Fahrer gibt so stark Gas, daß die Hinterräder durchdrehen. Sie erhitzen sich, haften dadurch gut, und der Wagen liegt griffig auf der Straße.

Spoiler

Profilloser Rennreifen (Slick)

Start

In wenigen Sekunden wird das Auto von 0 auf 160 km/h beschleunigt.

Ziel
Im Ziel hat das Auto eine Geschwindigkeit von über 300 km/h erreicht.

Ein Fallschirm dient zusätzlich zum Bremsen.

Stock Car-Rennen
Ein solches Rennen wird fast ausschließlich in England mit alten Serienwagen auf einer ovalen Aschenbahn ausgetragen. Die verschiedenen Wagenklassen starten in verschiedenen Rennklassen.

Aus Sicherheitsgründen sind Fenster und Rücksitze entfernt. Die Autos haben stärkere Bremsen und Motoren sowie härtere Stoßdämpfer.

Sicherheit

Überrollbügel
Sicherheitsgurte

Gurte und Überrollbügel dienen dem Schutz des Fahrers, falls sich das Auto überschlägt.

Dragster-Rennwagen
Die Hinterreifen, sogenannte Slicks, haben kein Profil und bestehen aus sehr weichem Gummi. Die Vorderreifen sind leicht und dünn, ähnlich wie Fahrradreifen.

Der hohe Spoiler hinten sowie der Frontspoiler sorgen dafür, daß das Auto nicht vom Boden abhebt.

Funny Cars
Dieses Auto ist ein Funny Car, ein besonderer Dragster-Rennwagen. Er kann über 400 km/h erreichen. Der Motor wird häufig mit Raketentreibstoff betrieben.

Dieser alte Ford Anglia wurde mit einem speziellen Motor und großen Hinterreifen ausgerüstet. Er nimmt an Rennen in der Mischklasse teil.

Frontspoiler

Rallye-Sport
Rallyes werden oft auf verschneiten Bergstraßen, in schwierigem Gelände oder aber in Wüsten ausgetragen.

Um keine Strafpunkte zu erzielen, müssen in einer bestimmten Zeit Kontrollstellen angefahren werden.

Luftfilter
Reservereifen
Batterie
Auspuff
Motor
Überrollbügel

Jedes Auto ist mit Fahrer und Co-Pilot besetzt, der die beste Route aussucht und auf die Zeit achtet.

Scheinwerfer

Dieser Peugeot 205 ist ein beliebter Rallye-Wagen. Hier siehst du den im Heck montierten Motor.

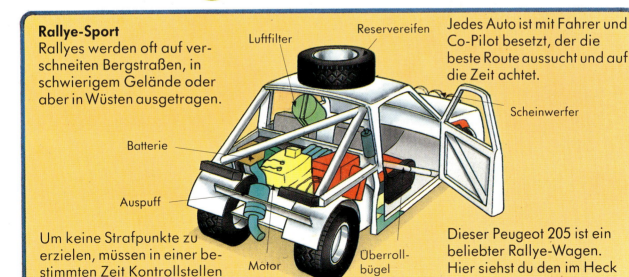

Im Gelände

Manche Wagen sind speziell für sehr unebenes, schwieriges Gelände gebaut. Ein normales Auto ist für gut ausgebaute Straßen konstruiert und würde unter Bedingungen, wie sie im Bild zu sehen sind, bald den Geist aufgeben. Der Auspuff würde beschädigt, der Motor ausfallen und die Reifen würden zerstört. Außerdem könnte man damit keinen Fluß durchqueren.

Das Geländefahrzeug

Der geländegängige Wagen wurde für Fahrten im Gelände gebaut. Der hier abgebildete Wagen sieht fast genauso aus wie der erste im Jahre 1948 produzierte Landrover. Die Form wurde weitgehend beibehalten, da sie sich bestens bewährt hat. Der Wagen hat große Bodenfreiheit.

Ersatzreifen

Vorderachse

Vorderes Differential

Stabile Leichtmetall-Karosserie

Hinterachse

Umklappbares seitliches Fußbrett

Eine besonders gute Federung schützt Fahrer und Insassen vor großen Stößen.

Hinteres Differential

Große Reifen mit starkem Profil dienen dazu, dem Wagen auf unebenem Gelände besseren Halt zu geben. Sie bestehen aus sehr dickem Gummi, damit sie nicht durch Steine oder ähnliches aufgeschlitzt werden.

Was bedeutet Allradantrieb?

Ein normales Auto hat ein Differential, das entweder die Vorder- oder die Hinterräder antreibt. Ein Wagen mit Allradantrieb hat vorne und hinten ein Differential, so daß alle vier Räder angetrieben werden. Ein Wagen mit Allradantrieb kann ohne Probleme durch Schlamm, Schnee oder Sand fahren.

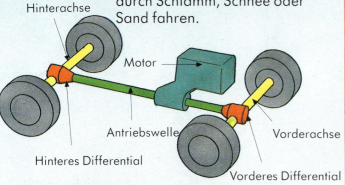

Hinterachse · Motor · Antriebswelle · Vorderachse · Hinteres Differential · Vorderes Differential

Allradantrieb macht's möglich

Hier siehst du an ein paar Beispielen, was dank Allradantrieb möglich ist:

Mit diesem Landrover kann man bis zu 50 cm tiefe Flüsse durchqueren.

Mit diesem Transporter kann man dank des Allradantriebs sehr steile Hänge hinauffahren.

Mit diesem Jeep kann man steil abfallende Ufer entlangfahren, ohne daß er umstürzt.

Reifen

Dicke Reifen mit tiefem Profil für felsiges und sandiges Gelände.

Weitere Fahrzeuge mit Allradantrieb

Transportwagen von Toyota, Japan · Jeep von Willys, USA · Unimog von Mercedes, Bundesrepublik Deutschland · Subaru, Japan

Auf zwei Rädern

Das erste Fahrrad, die sogenannte Laufmaschine, wurde vor über 150 Jahren gebaut. Es hatte keine Pedale. Später brachte man am Vorderrad Pedale an und kam so schneller voran.

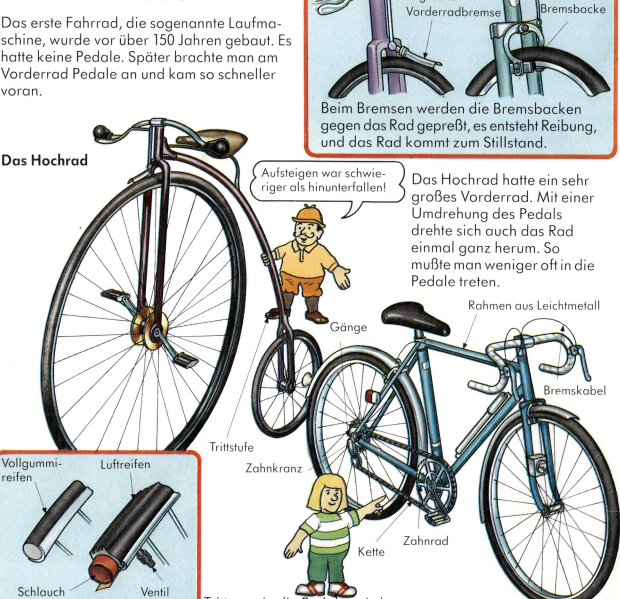

Beim Bremsen werden die Bremsbacken gegen das Rad gepreßt, es entsteht Reibung, und das Rad kommt zum Stillstand.

Das Hochrad

Aufsteigen war schwieriger als hinunterfallen!

Das Hochrad hatte ein sehr großes Vorderrad. Mit einer Umdrehung des Pedals drehte sich auch das Rad einmal ganz herum. So mußte man weniger oft in die Pedale treten.

Die ersten Fahrradreifen bestanden aus Vollgummi. Heute verwendet man Luftreifen.

Tritt man in die Pedale, wird die Kette angetrieben, die das Hinterrad in Bewegung setzt. Das hier gezeigte Fahrrad hat eine Gangschaltung, so daß man unterschiedlich schnell fahren kann.

Motorräder

Das erste Motorrad wurde vor über 120 Jahren gebaut. Es handelte sich um ein Fahrrad, das mit einer Dampfmaschine ausgerüstet war. Heutzutage gibt es die verschiedensten Arten von Motorrädern für die unterschiedlichsten Rennsportarten.

Motorrad-Straßenrennen

Motorräder für Straßenrennen sind die schnellsten. Die Verkleidung macht das Motorrad windschlüpfrig.

Seitenwagen-Rennen

Niedrige und stromlinienförmige Bauweise

In den Kurven lehnt sich der Beifahrer weit aus dem Seitenwagen, um das Fahrzeug bei der hohen Geschwindigkeit im Gleichgewicht zu halten.

Gelände-Rennen

Starke Federung

Bei Gelände-Rennen kommt es auf Geschicklichkeit und Können an. Die dicken Reifen der Motorräder haben auch auf steinigem und schlammigem Boden guten Halt.

Motorrad-Dragster

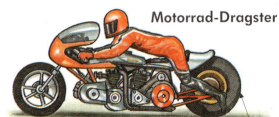

Breiter Hinterreifen (Slick)

Diese Spezialmaschinen haben sehr starke Motoren. Fast liegend, bietet der Fahrer wenig Luftwiderstand.

Die Pfeile zeigen die Luftströmung beim Fahren. Die Luft streicht über den vorgebeugten Fahrer hinweg.

Züge

Die ersten Gleisverbindungen wurden vor über 400 Jahren gelegt. Damals zogen Pferde und Ochsen schwere Lasten über die Schienen, die aus Holz bestanden.

Die ersten Lokomotiven wurden mit Dampf betrieben. Heute verwendet man Diesel- oder Elektromotoren. Auf diesen Seiten werden die drei Antriebsarten vorgestellt.

Dampflokomotiven

Typ 4-4-0, Amerika

Diese Lokomotive war eine der ersten, die Amerika durchquerten.

Im Tender wird Holz für die Feuerung befördert.

Im Funkenfänger werden brennende Teilchen aufgefangen.

Glocke

Dampfkessel

Wie Dampf die Räder antreibt

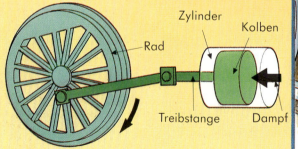

Durch Verbrennen von Kohle oder Holz wird Wasser im Dampfkessel erhitzt. Es entsteht Dampf, der den Kolben im Zylinder und die Räder bewegt.

Treibräder bringen den Zug in Bewegung.

Die Laufräder sorgen dafür, daß der Zug um Kurven fahren kann.

Der Schienenräumer diente dazu, Tiere und Gegenstände von den Schienen zu räumen.

Elektrische Züge

Züge mit Elektromotoren sind die schnellsten der Welt. Der Strom wird durch Leitungen oberhalb des Zuges oder durch eine Leitung zwischen den Schienen zugeführt.

Der Hikari-Express, Japan

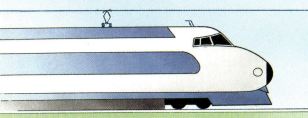

Dieser japanische Zug, sein Spitzname lautet „Das Geschoß", erreicht eine Geschwindigkeit von über 210 km/h.

Diesellokomotiven

Intercity 125, England

Dieser Zug hat einen Dieselmotor. Er funktioniert genauso wie der Motor eines Autos. Der Dieselmotor erzeugt über einen Generator Elektrizität. Sie wird Motoren zugeführt, die wiederum die Räder antreiben und zusätzlich Energie für Heizung und Licht liefern.

Untergrundbahnen

Die Führräder halten den Zug auf den Schienen.

Stahlbalken

Die Metro, die Pariser Untergrundbahn, ist mit Luftreifen ausgerüstet. Züge mit Gummireifen sind schneller und leiser.

Das Fahrgestell

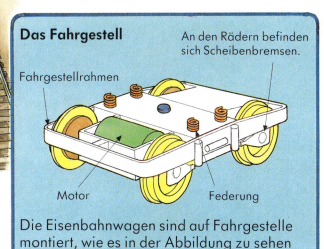

An den Rädern befinden sich Scheibenbremsen.

Fahrgestellrahmen

Motor   Federung

Die Eisenbahnwagen sind auf Fahrgestelle montiert, wie es in der Abbildung zu sehen ist. Sie sind so gebaut, daß ein Zug um Kurven fahren kann.

Moderne Züge

Schnellzüge ermöglichen eine rasche Verbindung von Stadt zu Stadt. Dieser französische TGV (Train à Grande Vitesse, also Schnellzug) erreicht eine mittlere Geschwindigkeit von 260 km/h. Er ist der schnellste Personenzug der Welt. Man hat für ihn eine neue Strecke ohne enge Kurven und steile Steigungen angelegt.

Auf der Strecke des TGV gibt es keine Signale. Statt dessen werden dem Lokführer elektronisch Signale übermittelt. So weiß er, mit welcher Geschwindigkeit er fahren muß.

Der Lokführer ist mit einem Funksprechgerät ausgerüstet, mit dem er einen Notruf abgeben kann.

Im Abstand von 1 km stehen Streckenfernsprecher.

Vorne und hinten am Zug befindet sich jeweils eine Lokomotive, die den Zug antreibt.

Lokführerkabine

Betonschwellen

SNCF

Elektromotoren treiben die Räder an.

Schienen

Stahlschiene

Den Abstand zwischen den oberen Innenkanten der Schienen nennt man Spurweite. In vielen Ländern ist die Normalspur 1,435 m. In Kurven liegt eine der Schienen leicht erhöht, damit der Zug mit hoher Geschwindigkeit fahren kann.

22

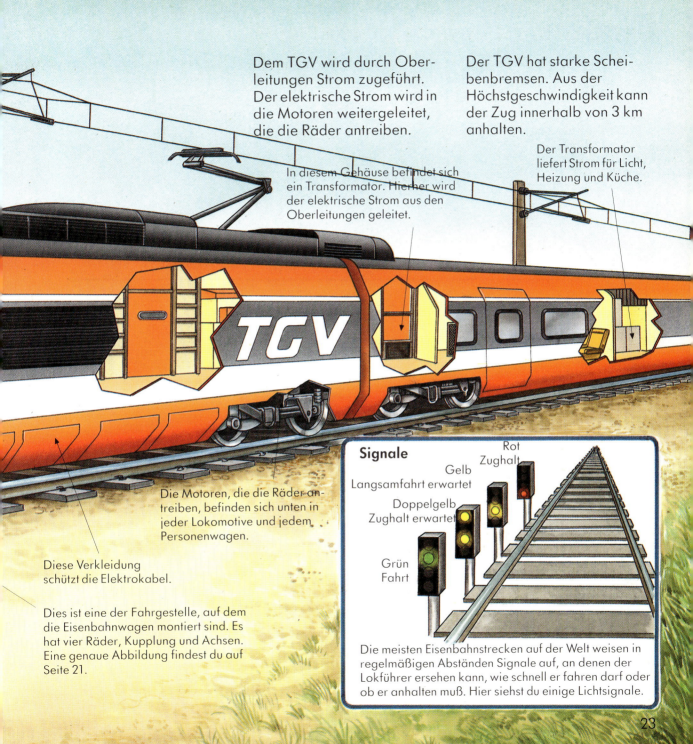

Geschwindigkeit auf Rädern

Die ersten Autos und Motorräder fuhren sehr langsam. In Großbritannien durfte man vor 100 Jahren nur im Schrittempo fahren. Ein Fußgänger mußte vor dem Auto herlaufen, um sicherzustellen, daß die Geschwindigkeitsbegrenzung eingehalten wurde.

Geschwindigkeit auf der Straße

Aston Martin V8 Vantage

Der Aston Martin V8 Vantage gehört zu den schnellsten und leistungsstärksten Autos. In nur 11,9 Sekunden kann er von 0 auf 160 km/h beschleunigt werden.

Seine Höchstgeschwindigkeit beträgt 270 km/h.

In Autofabriken geht alle 6 Minuten ein Auto vom Band. Bei der Firma Martin benötigt man für ein Auto 16 Wochen, da jeder Wagen von Hand gefertigt wird.

Geschwindigkeit auf Schienen

Hier siehst du die schnellsten Dampf-, Diesel- und Elektrolokomotiven der Welt. Man hat damit Geschwindigkeitsrekorde aufgestellt. Sie verkürzten die Reisezeit zwischen den Städten. Bei den Lokomotiven steht jeweils, wie viele Kilometer sie durchschnittlich in einer Stunde zurücklegen.

Flying Scotsman, England — 96km/h

LNER MALLARD, England — 160km/h

Der Flying Scotsman war die erste Dampflokomotive, die ohne Halt die Strecke von London nach Edinburgh fuhr.

1938 stellt die LNER Mallard mit über 200 km/h einen Geschwindigkeitsrekord bei Dampflokomotiven auf, der bis heute ungebrochen blieb.

Kawasaki GPZ1000RX

Das schnellste Motorrad ist die Kawasaki GPZ1000RX. Eine besonders sportliche Version erreicht eine Höchstgeschwindigkeit von un-

gefähr 260 km/h. Eine Verkleidung schützt den Fahrer vor dem Fahrtwind. Durch Öffnungen an beiden Seiten in der Verkleidung gelangt kühle Luft an den Motor, damit er nicht überhitzt wird.

Rekorde im World Land Speed-Rennen

Hierbei handelt es sich um einen Geschwindigkeitswettbewerb über eine Meile (1,6093 km). Die Fahrzeuge müssen innerhalb einer Stunde je eine Fahrt hin und zurück absolvieren.

Rekord bei Autos

Mit dem Thrust 2 wurde 1983 ein neuer Rekord erzielt. Die Durchschnittsgeschwindigkeit lag bei 1019,4 km/h.

Rekord bei Motorrädern

Mit diesem höchst ungewöhnlichen Motorrad, dem Lightning Bolt, wurde im Jahre 1978 ein neuer Rekord aufgestellt. Die Durchschnittsgeschwindigkeit betrug 512,7 km/h.

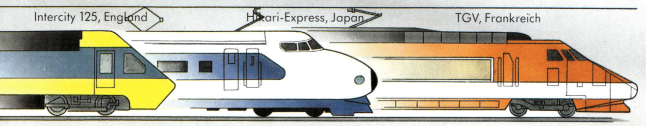

Intercity 125, England	Hikari-Express, Japan	TGV, Frankreich
200 km/h	210 km/h	260 km/h

Der Intercity 125 ist die schnellste Diesellokomotive der Welt. Er erreicht eine Spitzengeschwindigkeit von bis zu 230 km/h.

Die japanische Eisenbahngesellschaft hat für diesen Zug, der übe 210 km/h schnell ist, eine neue Schienenstrecke angelegt.

Dies ist der schnellste Zug der Welt. Bei Testfahrten wurde damit die sagenhafte Höchstgeschwindigkeit von 390 km/h erreicht.

Register

Abgase 8
Achsen 6, 23
    Hinterachse 6, 7, 9, 16, 17
    Vorderachse 16, 17
Antrieb (antreiben) 6, 16, 20, 21, 22, 23
    Allradantrieb 6, 17
    Hinterradantrieb 6, 9, 17
    Vorderradantrieb 6, 17
Antriebswelle 6–9, 17
Auspuffanlage 8, 15, 16
Autos 4, 7, 24
    Dragster 15
    Formel-1-Wagen 13
    Funny Car 15
    Geländewagen 16, 17
    Jeep 17
    Stock Car 14
    Transporter 17

Bremsen 10, 11, 13, 14, 18
    Bremsbacken 11, 18
    Bremskabel 18
    Bremsklötze 11
    Bremsleitung 13
    Bremspedal 10, 11
    Scheibenbremsen 11, 21, 23
    Trommelbremsen 10

Dampfmaschinen 5, 19
Differential (Ausgleichsgetriebe) 7, 9, 16, 17

Eisenbahnen siehe Züge
Elektrizität 21, 23

Fahrgestell 6, 21, 23
Fahrräder 4, 5, 18
    Hochrad 4, 18
    Laufrad 5, 18
Federung (Federn) 6, 7, 16, 19, 21

Gänge 10, 11, 18
Gemisch 8
Generator 21
Getriebe 6, 10
Grand Prix-Rennen 12, 19

Karosserie 6, 7
Katalysator 8
Kolben 8, 9, 20
Kühler 6, 8, 9
Kupplung 6, 10, 11, 23
Kurbelwelle 8

Lenkrad 7, 11
Lokomotiven 5, 22–25
    Dampflokomotive 3, 18, 24
    Diesellokomotive 20, 21, 24
    Elektrolokomotive 20–22, 24

Motoren 5, 6, 8–19, 21, 23
    Benzinmotor 5, 8
    Dieselmotor 8, 20
    Elektromotor 20, 22
    Verbrennungsmotor 5
Motorräder 4, 5, 19, 24, 25
    Seitenwagen 19
Motorsport 13, 14, 15, 19, 25
    Dragster-Rennen 15

Funny Car-Rennen 15
Gelände-Rennen 19
Motorrad-Dragster 19
Motorrad-Straßenrennen 19
Rallye-Sport 15
Seitenwagen-Rennen 19
Sprint-Rennen 14
Stock Car-Rennen 14
World Land Speed-Rennen 25

Pedale 5, 18

Räder
    Führrad 21
    Laufrad 20
    Treibrad 20
    Zahnrad 9, 10, 18

Schienen 5, 21, 22, 24, 25
Signale 22, 23
Spoiler 13–15

Untergrundbahnen 21

Vergaser 8

Züge 4, 5, 20–25
    Intercity 21, 24, 25
    Schnellzug 22, 25
Zylinder 8, 9, 20

Zweiter Teil

Wasserfahrzeuge

Inhalt

- 28 Von Schiffen und Booten
- 30 Dampfschiffe und Dampfboote
- 32 Passagierschiffe
- 34 Boote und ihre Motoren
- 36 Segelschiffe
- 38 Muskelkraft
- 40 Frachtschiffe
- 42 Wassergleiter
- 44 Unterseeboote
- 46 Seenotkreuzer
- 47 Fischerei-Fahrzeuge
- 48 Schiffsrekorde
- 49 Seezeichen
- 50 Register

Von Schiffen und Booten

In diesem Teil erfährst du etwas über verschiedene Schiffe und Boote. Es wird gezeigt, warum sie schwimmen können, wie sie angetrieben werden und wozu sie dienen. Außerdem lernst du einige der schnellsten und außergewöhnlichsten Schiffe und Boote kennen sowie einige der Ozeanriesen.

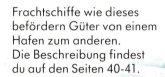
Frachtschiffe wie dieses befördern Güter von einem Hafen zum anderen. Die Beschreibung findest du auf den Seiten 40-41.

Das ist ein Motorboot. Wie es funktioniert, wird auf den Seiten 34-35 erklärt.

Ein Luftkissenfahrzeug gleitet auf einem Luftpolster über das Wasser. Siehe Seiten 42-43.

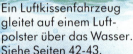

Auf den Seiten 36-37 werden verschiedene Segelboote gezeigt.

„Klein-U-Boote", wie das hier abgebildete, sind Tauchgeräte. Sie werden auf den Seiten 44-45 beschrieben.

Schiffe und wozu man sie verwendet

Manche großen Schiffe, sogenannte Kreuzfahrtschiffe, sind für längere Ferienreisen gebaut.

Sehr große Kriegsschiffe haben an Deck eine Rollbahn. Dort starten und landen Flugzeuge.

Kraftfahrzeuge können über Rampen in das Innere von Fähren hinein- und wieder hinausfahren.

See-Rettungsfahrzeuge sind so ausgerüstet, daß Menschen gerettet werden können.

Vom Schwimmen und Sinken

Große Holz- oder Stahlboote sind schwer. Beim Schwimmen im Wasser verdrängen sie die Wassermenge, die dem Gewicht des Schiffes entspricht. Die Auftriebskraft hält das Boot auf dem Wasser. Ein schweres Boot muß hohe Seitenflächen haben, damit möglichst viel Wasser verdrängt werden kann.

Holz ist verhältnismäßig leicht und schwimmt daher gut.

Auch ein schweres Stahlboot schwimmt auf dem Wasser.

Schiffsrumpf

Der Rumpf eines Schiffes aus Metall ist hohl und wiegt deshalb weniger als ein massives Metallstück derselben Größe.

Beide verdrängen gleichviel Wasser. Aber die Auftriebskraft des Wassers reicht aus, um den Hohlkörper „Schiff" über Wasser zu halten.

Knetmasse-Boot

Mache folgenden Versuch:

Forme aus dieser Masse einen „Becher".

Nimm zwei gleich schwere Klumpen Knete. Rolle den einen zu einem Ball und knete aus dem anderen ein „Boot" in Form eines Bechers.

Wasserbehälter

Lege Ball und „Boot" ins Wasser. Obwohl beide gleich schwer sind, schwimmt nur das „Boot", da es größeren Auftrieb erhält.

Volle Kraft voraus!

Schon sehr früh bewegte der Mensch Boote mit Paddel, Staken oder Riemen vorwärts.

Seit Jahrtausenden verwendet man Segel, um die Windkraft zu nutzen.

Heute haben viele Schiffe Dieselmotoren oder Motoren, die über Dampfturbinen laufen.

Bei vielen modernen Unterseebooten werden die Dampfturbinen mit Kernenergie angetrieben.

Dampfschiffe und Dampfboote

Die ersten Maschinen wurden gegen Ende des 18. Jahrhunderts gebaut und mit Dampf angetrieben. Wie sie funktionieren, zeigt das rechte Bild. Der Dampf bringt die Schaufelräder an beiden Seiten des Schiffes zum Drehen. Sie greifen in das Wasser und bewegen so das Schiff.

Was ist Dampf?

Vorsicht: Dampf ist sehr heiß. Man kann sich daran verbrennen!

Dampf entsteht beim Kochen von Wasser. Aus einem Kessel mit kochendem Wasser schießt Dampf mit Druck heraus. Diese Kraft nutzt man bei Dampfmaschinen.

Dampfschiffe
(Raddampfer mit Segel)

Savannah

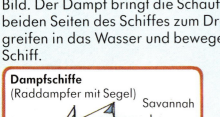

1819 überquerte erstmals ein Segelschiff mit Dampfmaschine den Atlantik. Die Maschinen der Savannah waren während der 21 Tage dauernden Fahrt nur 8 Stunden in Betrieb.

Sirius

Das erste Dampfschiff, das für die 18tägige Überfahrt nie Segel setzte, war das 1837 gebaute britische Schiff Sirius.

1. Um das Wasser im Kessel zu erhitzen, wird Kohle verbrannt.

2. Der Dampf wird vom Kessel durch ein Rohr in einen Zylinder geleitet.

3. Sobald Dampf in den ersten Zylinder gelangt, wird der Kolben nach oben gepreßt und treibt die Kurbelwelle an.

Die Schaufelräder drehen sich durchs Wasser und bewegen das Schiff vorwärts.

4. Durch ein kleines Ventil entweicht Dampf. Der Kolben fällt wieder nach unten.

5. Während sich der erste Kolben nach unten bewegt, wird der zweite durch den Dampf nach oben gepreßt.

6. Durch die Auf- und Abbewegung der Kolben dreht sich die Kurbelwelle. Sie treibt die Schaufelräder an.

Die Schiffsschraube

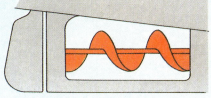

Frühe Form der Schiffsschraube

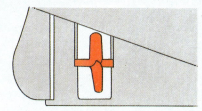

Neuere Form der Schiffsschraube

Um 1840 wurden erstmals Schiffsschrauben gebaut und am Heck der Schiffe (hinten) montiert. Obwohl sie kleiner als Schaufelräder waren, wurden die Schiffe jetzt schneller. Die Schiffsschrauben wurden ebenfalls von Dampfmaschinen über eine Kurbelwelle angetrieben.
Der Antrieb funktioniert bei kurzen Schiffsschrauben besser als bei langen.

Wie Schiffsschrauben funktionieren

Die Great Britain war das erste Schiff aus Eisen, das statt Schaufelrädern eine Schiffsschraube hatte.

Eine Schiffsschraube „bohrt" sich durchs Wasser wie ein Korkenzieher durch einen Korken. Die Flügel der Schraube drehen sich durchs Wasser. Das Wasser wird nach hinten gedrängt, und so bewegt sich das Schiff vorwärts.

Dampfturbinen

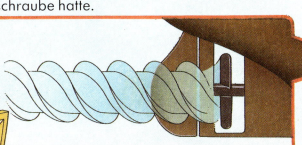

Turbinenwelle • "Abschnitt" einer Dampfturbine • Turbinia • Flügel • Dampf gelangt in den Zylinder. • Schiffsschraube

Manche Überseeschiffe werden noch heute von großen Dampfturbinen angetrieben.

1894 erfand Sir Charles Parsons die Überdruck-Dampfturbine. Sie ermöglichte höhere Geschwindigkeiten.

Wenn der Dampf an den vielen kleinen Flügeln vorbeistreicht, drehen sie sich mit der Turbinenwelle. So dreht sich dann auch die Schraube.

Die Turbinia war das erste mit Turbinen betriebene Schiff. Es lief 1897 vom Stapel und hatte drei Turbinen und drei Schrauben.

Passagierschiffe

Früher mußte man per Schiff reisen, wollte man nach Übersee. Heute fliegt man meist mit dem Flugzeug. Passagierschiffe nutzt man fast nur für Ferien-Kreuzfahrten. Das größte Passagierschiff ist die QE2, Queen Elizabeth II. Sie ist wie eine schwimmende kleine Stadt mit Geschäften, Restaurants, Kino und Krankenhaus. Die QE2 wurde 1987 modernisiert. Das Bild zeigt sie vor dem Umbau.

Die QE2

Auf der QE2 gibt es vier Schwimmbäder.

Tennisplatz

In den Läden an Bord kann der Passagier beispielsweise Kleidung, Lebensmittel und Blumen kaufen.

Hier befinden sich Zwinger für die Haustiere der Passagiere.

Hier ist das Theater.

Die QE2 ist mit zwei Schiffsschrauben ausgerüstet, von denen jede sechs Flügel hat.

Die Schnellwäscherei

Fitneß-Raum

Dies ist der Kontrollraum. Computer errechnen Kurs und Geschwindigkeit des Schiffes.

Dies ist der Turbinenraum, in dem sich die mit Diesel betriebenen Turbinen befinden.

Die Durchschnittsgeschwindigkeit der QE2 beträgt 28 1/2 Knoten (fast 53 km/h).

Geschwindigkeitsmessung

Auf See mißt man die Geschwindigkeit in Knoten. Die Bezeichnung stammt von früher: Bei der Fahrt rollte sich ein Tau ab, an dem in regelmäßigen Abständen Knoten angebracht waren. Sie wurden innerhalb einer bestimmten Zeitspanne gezählt.

Ein Knoten entspricht einer Geschwindigkeit von einer Seemeile pro Stunde. Eine Seemeile unterscheidet sich von einer Landmeile. Sie beträgt 1,6093 km; eine Seemeile (Geschwindigkeit) = 1,852 km/h.

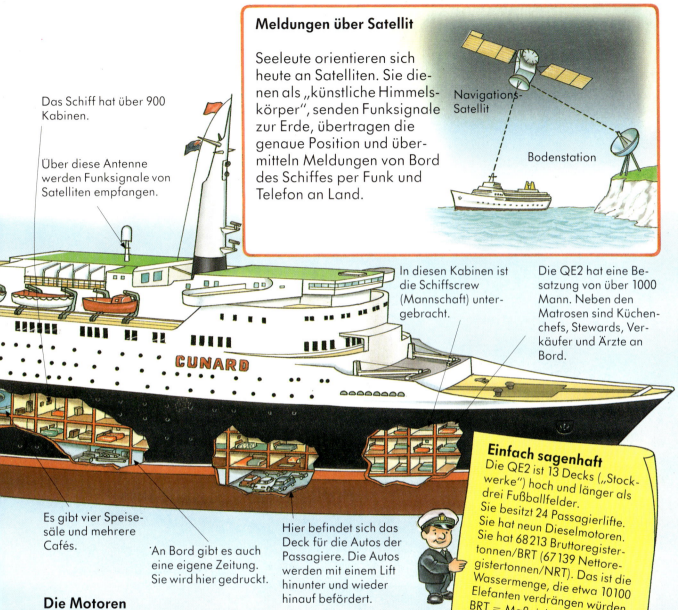

Boote und ihre Motoren

Viele kleine Boote haben einen Motor am Heck. Man nennt sie Außenborder, weil man den Motor vom Boot abmontieren kann. Größere Boote haben stärkere Dieselmotoren, die fest im Boot montiert sind. Sie heißen Innenborder.

Dieses Motorboot hat zwei Dieselmotoren und zwei Schiffsschrauben.

Ruder(-Rad)

Armaturenbrett, auf dem unter anderem Geschwindigkeit und Kraftstoffmenge angezeigt werden.

Deck

Die Motoren sind durch ein Gehäuse geschützt.

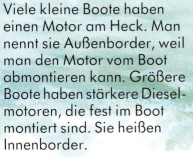

Die lange windschnittige Form ermöglicht ein hohes Tempo.

Der Motor
Man bezeichnet Dieselmotoren als Verbrennungsmotoren, weil im Motor Kraftstoff verbrannt wird. Auf der nächsten Seite erfährst du, wie es funktioniert.

Lotsenboote

Mit diesen Booten werden Lotsen zu großen Schiffen gebracht, um sie durch schwieriges und unbekanntes Fahrwasser zu lenken.

Motoryachten

Hierbei handelt es sich meist um größere Boote mit mehreren Kajüten. Man verwendet sie für „Ferien-Seetörns".

Beiboote

Ein Beiboot, wie hier abgebildet, wird von großen Ozeandampfern mitgeführt, um damit Passagiere vom Schiff an Land zu bringen.

Der Dieselmotor

Der Dieselmotor wurde 1897 von Rudolf Diesel erfunden. Der Motor braucht einen bestimmten Kraftstoff, das Dieselöl.
Bootsmotoren haben 2 bis 12 Zylinder. Je mehr Zylinder ein Motor hat, um so leistungsfähiger ist er. Dieser Motor hat vier Zylinder. Für den Antrieb sind mehrere Vorgänge nötig. Sie werden an jeweils einem Zylinder gezeigt.

1. Durch das Einlaßventil gelangt Luft in den Zylinder: Der Kolben bewegt sich nach unten.

2. Das Einlaßventil schließt sich: Der Kolben bewegt sich nach oben und preßt die Luft zusammen. Dadurch wird sie erhitzt.

3. Die Einspritzdüse spritzt Kraftstoff in die erhitzte Luft: Das Gemisch entzündet sich und preßt den Kolben nach unten.

4. Das Auslaßventil öffnet sich: Der Kolben preßt die Abgase hinaus.

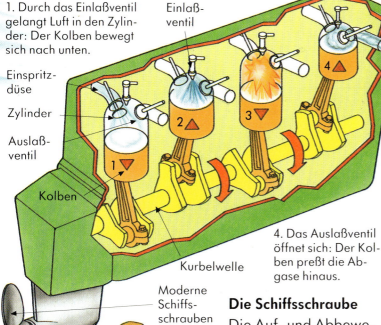

Einlaßventil, Einspritzdüse, Zylinder, Auslaßventil, Kolben, Kurbelwelle

Moderne Schiffsschrauben haben in sich gewundene Flügel.

Die Schiffsschraube

Die Auf- und Abbewegung der Kolben überträgt sich über die Kurbelwelle auf die Schiffsschraube. Die Flügel pressen das Wasser nach hinten, und das Boot bewegt sich voran.

Motorboot-Rennen

Solche Motorboote sind für Rennen konstruiert. Die schnellsten haben Düsenantrieb. Ein berühmtes Motorboot-Rennen ist der Bahama-Motorboot-Grand Prix.

Rekordbrecher

Man benötigte 3 Tage, 8 Stunden und 31 Minuten für diese 5000 km lange Strecke.

1986 wurde mit der Virginia Atlantic Challenger der Atlantik in Rekordzeit überquert. Sie gewann das Blaue Band, eine Auszeichnung für die schnellste Atlantiküberquerung.

Segelschiffe

Seit Jahrtausenden macht man sich den Wind zunutze, der Boote mit Segeln vorwärts bewegt. Die Segel „fangen" den Wind ein. Die Druck- und Zugwirkung des „eingefangenen" Windes treibt das Boot voran. Die gesamte Segeleinrichtung heißt Takelage. Wie sie im Laufe der Jahrhunderte weiterentwickelt wurde, erfährst du auf der nächsten Seite.

Die ersten Segel

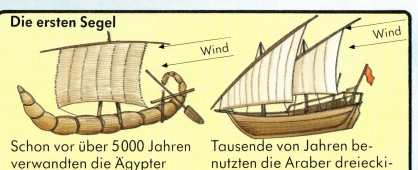

Schon vor über 5000 Jahren verwandten die Ägypter viereckige Segel. Nur bei Wind von achtern (hinten) nahm das Schiff Fahrt auf.

Tausende von Jahren benutzten die Araber dreieckige Segel (Lateinsegel). Mit Tauen wurde das Segel nach dem Wind gerichtet.

Das Großsegel ist mit dem Baum und dem Mast verbunden.

Die Fock ist ein Zusatzsegel vorn am Boot. Sie hält das Boot besser auf Kurs.

Heute bestehen Segel meist aus leichtem wasserdichtem Material.

Kleinere Boote haben nur ein Großsegel und ein kleineres, die Fock.

So steuere ich das Boot

Man steuert das Boot mit der Ruderpinne; sie ist das „Lenkrad" eines Bootes. Die Ruderpinne ist mit dem Ruderblatt verbunden. Mit ihm kann man die Richtung verändern.

Wird die Ruderpinne nach rechts bewegt, fährt das Boot nach links. Bewegt man sie nach links, dreht das Boot nach rechts.

Mit dem Kielschwert hält man das Boot auf Kurs. Es verhindert, daß das Boot seitlich abdriftet, wenn Wind in die Segel fällt.

Der Katamaran

Der Trimaran

Bei einem Katamaran handelt es sich um ein Doppelrumpfboot. Ein Trimaran hat einen Hauptrumpf und jeweils rechts und links einen kleineren Rumpf. Beide Bootstypen haben weniger Tiefgang als normale Boote. Sie gleiten leicht über das Wasser und sind sehr schnell.

Kreuzen

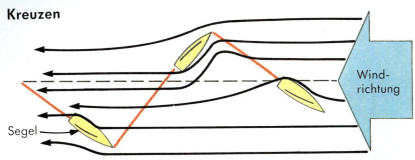

Segel

Windrichtung

Will der Segler gegen den Wind fahren, muß er einen Zickzackkurs steuern. Das nennt man kreuzen. Nach jedem Kreuzmanöver bläst der Wind schräg von vorne in die Segel und treibt das Boot voran.

Der America's Cup

Beim America's Cup handelt es sich um ein Segelyacht-Rennen. Es wird alle vier Jahre im Land des jeweils letzten Gewinners ausgetragen. Sieger 1987 war die amerikanische Yacht Stars and Stripes.

Siegertrophäe des America's Cup

Segel-Geschichte

Chinesisches Segelschiff

Im 15. Jahrhundert wurden in Europa Dreimastschiffe gebaut. Sie wurden in Seeschlachten, für Forschungsreisen und als Handelsschiffe eingesetzt.

Dreimaster

Im 9. Jahrhundert bauten die Chinesen Schiffe mit mehreren Masten und aus Bambus geflochtenen Mattensegeln. Dieser Schiffstyp wurde über Jahrhunderte beibehalten.

Klipper

Um 1820 wurden schnelle Frachtschiffe, sogenannte Klipper, gebaut. Sie hatten große Segel und einen langen, schlanken Rumpf.

Muskelkraft

In früheren Zeiten benutzte der Mensch nur seine Hände, um ein Boot anzutreiben. Dann erfand er Paddel. Sie waren größer als Hände und leisteten bessere Dienste. Später baute man lange Riemen (umgangssprachlich: Ruder), wie sie im Bild zu sehen sind. Damit kam man noch schneller voran.

Ruderboote, wie das hier gezeigte, bestehen aus sehr leichtem, aber stabilem Material, zum Beispiel aus Fiberglas.

Der Steuermann gibt der Mannschaft Anweisungen und steuert das Boot.

Renn-Rudermannschaften trainieren meist mehrere Stunden täglich, um ein gut aufeinander eingespieltes und schnelles Team zu werden.

An die Riemen!

Paddel oder Riemen wirken im Wasser genauso wie deine Arme beim Schwimmen. Dadurch, daß man Paddel oder Riemen durchs Wasser zieht, wird das Boot vorwärts bewegt.

Die Riemen liegen in einer Dolle. Somit funktionieren sie wie ein Hebel.

Ruderschiffe

Schon vor 5000 Jahren bewegten die Ägypter ein Schiff durch Rudern voran, wenn kein Wind ging oder der Wind ungünstig stand.

Vor über 800 Jahren bauten die Wikinger lange, schmale Schiffe, die Langschiffe. An jeder Seite saßen bis zu 25 Ruderer an den Riemen.

Im alten Griechenland waren Kriegsschiffe mit mehreren Ruderreihen besetzt. Die Sitze waren versetzt übereinander angeordnet.

Immer schneller

Schließlich kam man darauf, daß die Länge der Riemen entscheidend war. Ein Ruderschlag mit einem langen Riemen bewegt das Boot weiter voran als ein Schlag mit einem kurzen Riemen.

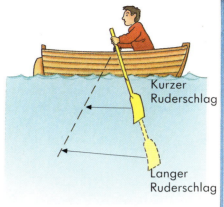

Kurzer Ruderschlag

Langer Ruderschlag

Die stromlinienförmige Bauweise ermöglicht ein hohes Tempo.

Kanufahren

Paddel mit Ruderblatt an jedem Ende

Schutzhelm

In manchen Regionen, wie in Alaska, benutzt man heute noch Kanus zum Fischfang oder Transport. Bei uns werden Kanus im Sport verwendet, zum Beispiel für Wildwasserslalom. Die Teilnehmer müssen auf einem Wildwasserfluß einen Zickzackkurs fahren.

Ungewöhnliche Boote

Gondel

Gondeln verkehren auf den Kanälen der italienischen Stadt Venedig. Der Gondoliere steht hinten in der Gondel und bewegt sie mit einem langen Riemen voran und steuert sie gleichzeitig damit.

Stockenkahn (flach, ohne Kiel)

Hierbei handelt es sich um flachgehende, viereckige Flußboote, mit denen man kleinere Vergnügungsfahrten unternimmt. Zur Fortbewegung nimmt man Staken.

Boot aus Schilf

In manchen Ländern, wie in Peru, verwendet man auch heute noch Boote aus Schilf. Das Boot wird mit einem langen Staken fortbewegt.

Frachtschiffe

Mit Frachtschiffen wird Frachtgut von Hafen zu Hafen befördert. Bei der Ladung kann es sich um unterschiedlichste Güter wie Orangen, Stahlrohre, Kohle oder Weizen handeln. Zu einem Hafen führen Straßen und Schienen, auf denen die Güter von und zum Schiff transportiert werden können. Außerdem gibt es im Hafen große Speicher, in denen die Frachtgüter bis zur Verschiffung oder nach dem Löschen gelagert werden können.

Jede Schiffsladung wird kontrolliert, damit keine Waren geschmuggelt werden.

Auf Containerschiffen wird die Fracht in großen Kisten, Containern, befördert. Sie werden gefüllt, ehe sie zum Hafen transportiert werden.

Manche Schiffe befördern Güter unterschiedlichster Art und Größe. Die Ladung wird so vertäut, daß sie nicht rutscht oder beschädigt wird.

Mit manchen Schiffen wird lose Ladung befördert, zum Beispiel Zucker oder Weizen. Sie wird über Röhren in den Laderaum gebracht und mit Saugrohren wieder entladen.

Auf Roll on-Roll off-Schiffen wie Fähren können Fahrzeuge direkt hinauf und wieder herunter fahren.

Öltanker

Für die Riesentanker, die Öl befördern, sind in den meisten Häfen die Docks, auch Piers genannt, zu klein. Also wird das Öl an den vorgelagerten Piers der Häfen gelöscht.

Öltank

Einer der größten Öltanker, die Globic London, ist ungefähr 380 Meter lang. Die Schiffsbesatzung verwendet an Deck Fahrräder, um die langen Wege zurückzulegen.

Kursänderung

Ein Tanker ist wegen seiner Größe schwer zu manövrieren. Der Kapitän muß mögliche Gefahren erkennen können, lange bevor sie in Sicht sind. Dazu benutzt man computergesteuerte Radarsignale. Wie das funktioniert, siehst du im Bild rechts.

Schiff wird von Schleppern aus dem Hafen gezogen.

Manche Schiffe sind so groß, daß man mit ihnen ohne Hilfe keinen Hafen anlaufen kann. Schlepper ziehen sie in den Hafen zur Pier und wieder hinaus.

Hier helfen Computer

Tanker senden Radarsignale aus, um Schiffe und Klippen zu orten. Radarwellen strahlen geradlinig aus, bis sie auf einen Gegenstand treffen.

Aus den zurückgeworfenen Signalen errechnet der Schiffs-Computer den Kurs und wie schnell das Schiff fahren muß.

Computer-Segel

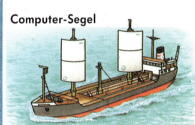
Shin Aitoku Maru

Der japanische Tanker Shin Aitoku Maru hat spezielle Metallsegel. Ein Computer berechnet, wie die Segel stehen müssen, um den Wind bestmöglich zu nutzen.

41

Wassergleiter

Das Luftkissenfahrzeug kann auf einem Luftpolster über Land und über Wasser gleiten. Man bezeichnet es auch als Hovercraft.
Es gibt noch zwei weitere Fahrzeugtypen, die über das Wasser gleiten können, nämlich das Tragflügelboot und das Düsen-Tragflügelboot. Mehr darüber erfährst du auf der folgenden Seite.

Das Luftkissenfahrzeug

Die Luftschrauben drehen sich und setzen das Boot in Bewegung.

Luftschrauben

Auf Luft gleiten

Joghurtbecher

Luft

Styropor-Platte

Um zu sehen, wie ein Luftkissenfahrzeug funktioniert, schneide den Boden aus dem Joghurtbecher aus. Schneide dann aus der Styropor-Platte ein Loch aus, in das der Becher hineinpaßt. Bläst du nun in den Becher, schwebt die Platte auf dem entstehenden Luftpolster.

Wie man ein Luftkissenfahrzeug steuert

Die Luftschrauben drehen sich und treiben das Fahrzeug an, und mit den Rudern kann man die Richtung ändern.

Ein Luftkissenfahrzeug fährt auch bei rauher See ruhig, da der „Wulst" um das Boot beweglich ist und so die Druckluft verteilt.

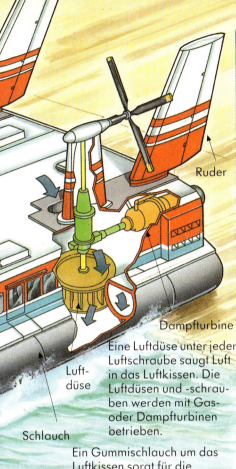

Ruder

Dampfturbine

Luft-
düse

Schlauch

Eine Luftdüse unter jeder Luftschraube saugt Luft in das Luftkissen. Die Luftdüsen und -schrauben werden mit Gas- oder Dampfturbinen betrieben.

Ein Gummischlauch um das Luftkissen sorgt für die nötige Luftzufuhr.

Anlegen

Beim Anlegen werden die Motoren und somit die Luftzufuhr in den Schlauch gestoppt. Das Fahrzeug senkt sich ab und bleibt stehen.

Das Tragflügelboot (Tragflächenboot)

Hierbei handelt es sich um ein Fahrzeug, das unter Wasser flügelartig geformte Metallblätter hat. Gewinnt das Boot an Geschwindigkeit, so hebt sich der Rumpf aus dem Wasser.

So funktioniert es

Die Oberfläche der Schwimmkörper ist sehr glatt. So fließt das Wasser schnell darüber. Die Tragflächen erhalten Auftrieb, gleiten nach oben und heben den ganzen Bootsrumpf aus dem Wasser.

V-förmige Tragflügel

Unter-Wasser-Schwimmkörper vorne; Tragflügel „achtern"

Manche Tragflügelboote sind mit V-förmigen Tragflügeln ausgerüstet. Wird das Fahrzeug beschleunigt, sind die Enden der Tragflügel an beiden Seiten oberhalb der Wasseroberfläche zu sehen.

Die Tragflügel und Schwimmkörper bleiben unter Wasser. Es sieht aus, als hätte das Tragflügelflugzeug Beine. Sie sind beweglich und können je nach Wellengang verstellt werden.

Das Düsen-Tragflügelboot

Das Düsen-Tragflügelboot, eine abgewandelte Form des normalen Tragflügelbootes, wird von zwei Wasserdüsen angetrieben. Gasturbinen treiben die Pumpen an, die das Wasser durch Öffnungen pressen und so die Düsen in Betrieb setzen.

Strömung des Wassers

Unterseeboote

U-Boote fahren unter Wasser. Sie haben Dieselmotoren, Elektromotoren oder mit Kernenergie betriebene Turbinen. Kernenergiebetriebene U-Boote wie dieses haben einen „runderen" Rumpf als solche mit Dieselmotoren. Sie können jahrelang ohne erneute Energiezufuhr in Betrieb sein. Außerdem könnten sie bis zu zwei Jahren ununterbrochen unter Wasser bleiben.

Antenne
Antennen empfangen über Satellit gesendete Meldungen.

Das Periskop ist eine Röhre mit einem Spiegel an jedem Ende. Fährt man das Periskop aus, kann der Kommandant im U-Boot verfolgen, was oberhalb der Wasseroberfläche geschieht. Der Rumpf des Schiffes bleibt unter der Wasseroberfläche.

Tiefenruder

Kommandoturm
Von hier aus wird das U-Boot gesteuert.

Es dient zur Schallortung (siehe nächste Seite).

Tauchzellen

Tauchzellen (Ballasttanks)

Kontrollraum

Schlafkojen

Tauchen

Ballasttank

Vor dem Tauchen werden Klappen geöffnet, durch die Wasser in die Tauchzellen läuft, damit das Boot tauchen kann.

Unter Wasser

Mit Hilfe der gefluteten Tauchzellen und der Tiefenruder kann sich das U-Boot auf eine gewünschte Tiefe einsteuern und dort halten.

Auftauchen

Um aufzutauchen, wird Luft unter großem Druck in die Tauchzellen gepumpt. Das Wasser wird herausgepreßt, und das Boot taucht auf.

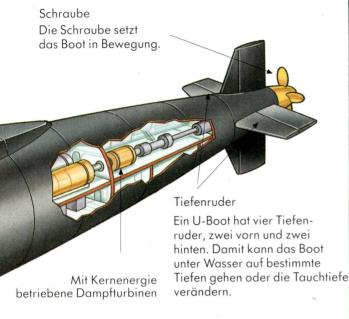

Schraube
Die Schraube setzt das Boot in Bewegung.

Tiefenruder
Ein U-Boot hat vier Tiefenruder, zwei vorn und zwei hinten. Damit kann das Boot unter Wasser auf bestimmte Tiefen gehen oder die Tauchtiefe verändern.

Mit Kernenergie betriebene Dampfturbinen

U-Boote haben zwei Wände. Zwischen ihnen befinden sich Tauchzellen, die beim Tauchen mit Wasser geflutet werden.

Das Sonargerät

Mit Hilfe des Sonargeräts, das Schall mißt, kann man die Position anderer Schiffe oder U-Boote herausfinden. Es gibt zwei verschiedene Arten, Sonar einzusetzen.

Sonar aussenden
Das U-Boot sendet Schallwellen aus. Treffen sie auf einen Gegenstand, erklingt ein Summton. Das Echo schallt zurück zum U-Boot.

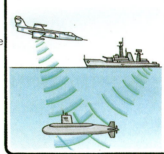

Sonar empfangen
Mit Sonargeräten werden leiseste Töne aufgefangen und ausgewertet. Das U-Boot selbst fährt fast geräuschlos, so daß es schwer zu entdecken ist.

The Turtle
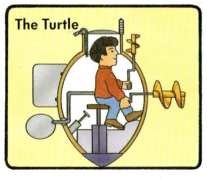

Das erste U-Boot wurde von einem Amerikaner gegen Ende des 18. Jahrhunderts gebaut. Es war eiförmig und besaß keine Motoren.

Nautilus

Im Jahre 1958 erreichte als erstes Seefahrzeug das amerikanische U-Boot Nautilus den Nordpol. Es fuhr unter dem Eis entlang.

Bathyskaph
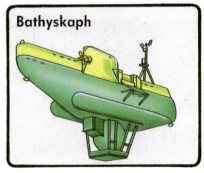

Dieses kleine Tiefseeboot wurde 1953 von Auguste Piccard entwickelt und diente vor allem Forschungszwecken in der Tiefsee.

Seenotkreuzer

Bei schlechtem Wetter kommt es auf See häufiger zu Schiffsunfällen. Seenotkreuzer sind so gebaut, daß sie auch bei Sturm und hohem Seegang auslaufen können. Die Schiffsbesatzung ist geschult, Menschen aus Seenot zu retten.

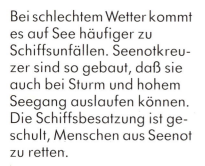

Öljacken
Wasserabweisende, wattierte Öljacken dienen als Wärmeschutz. Sie haben eine grelle Farbe, damit man sie sieht.

Wasserabweisende Hosen

Schwimmweste
Die luftgefüllte Schwimmweste soll verhindern, daß man untergeht.

Mütze und Kapuze

Schlauchboote

In Küstennähe setzt man zur Rettung Schiffbrüchiger spezielle Schlauchboote ein.

Der Kiel immer unten!

1
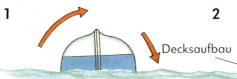
Decksaufbau

Kentert ein Seenotkreuzer, so richtet er sich in Sekundenschnelle von selbst wieder auf. Ein Seenot-

2

Der Decksaufbau hat wasserdichte Schotten.

kreuzer sinkt nicht, weil sich im Decksaufbau (oben) Luft befindet. Das Gewicht der schweren Motoren unten im

3

Boot zieht den Rumpf zurück ins Wasser. Das Boot richtet sich wieder auf.

Fischerei-Fahrzeuge

Fischerei-Boote, auch Kutter oder Trawler genannt, sind mit sehr großen Netzen, Schleppnetzen, ausgerüstet. Bei dem hier gezeigten Netz handelt es sich um ein Beutelnetz. Es umschließt die Fische, wird mit einem Tau beigeholt und mit einer Winde an Bord gehievt.

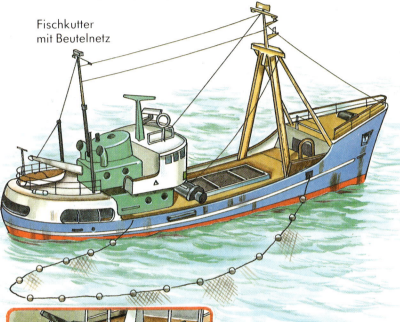

Fischkutter mit Beutelnetz

Hecktrawler — Mechanische Winde

Bei diesen Kuttern wird das Netz mit einer am Heck befindlichen mechanischen Winde an Bord gezogen.

Fisch an Bord

Ist der Fisch an Bord, wird er in Behältern mit Eis oder in großen Kühlräumen aufbewahrt. Schiffe mit Kühlräumen können lange auf See bleiben, ohne daß der Fang verdirbt. Große Fischerei-Schiffe haben eine eigene „Fischfabrik" an Bord. Siehe dazu die Spalte rechts.

Fischfabrik auf See

Auf Fabrikschiffen kann der Fisch noch auf See gesäubert und zum Verkauf vorbereitet werden. Häufig laden kleinere Fischkutter ihren Fang auf Fabrikschiffe um.

Die Fische werden über dicke Rohre auf große, viereckige Bleche befördert. Hier wird er gesäubert und verkaufsfertig gemacht.

Ein Teil der vorbereiteten Fische wird in Fässern gelagert. Der übrige Fang wird tiefgefroren und verpackt.

Schiffsrekorde

Hier siehst du einige der größten und schnellsten Schiffe der Welt. In der Mehrzahl handelt es sich um Kriegsschiffe. Manche sind so riesig, daß sie an Deck eine Rollbahn haben, auf der Flugzeuge starten und landen können (Flugzeugträger).

Neben wenigen Öltankern sind die größten Schiffe die Nimitz, die Dwight D. Eisenhower und die Carl Vinson, alle Flugzeugträger der US-Marine. Jedes Schiff hat eine Wasserverdrängung von über 90000 Tonnen.

Die größten Schiffe

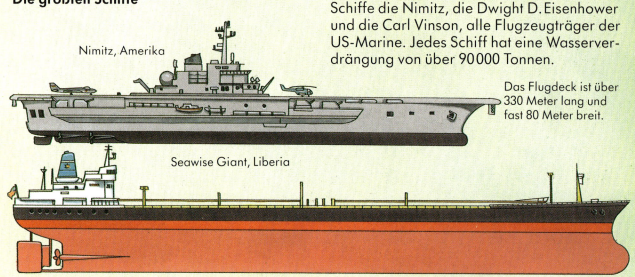

Nimitz, Amerika

Das Flugdeck ist über 330 Meter lang und fast 80 Meter breit.

Seawise Giant, Liberia

Der größte Öltanker trägt den Namen Seawise Giant. Er fährt unter liberianischer Flagge, wurde jedoch in Japan gebaut. Er hat 564733 BRT (555697 NRT) und ist fast 460 Meter lang. Die Nimitz dagegen ist nur zwei Drittel so lang.

Die schnellsten Schiffe

SS United States

Das schnellste Passagierschiff war die SS United States. Auf ihrer Jungfernfahrt 1952 fuhr sie durchschnittlich 36 Knoten (66 km/h).

Le Terrible

Der französische Zerstörer Le Terrible, 1935 gebaut, erreichte eine Geschwindigkeit von ungefähr 45 Knoten (84 km/h).

1967 wurde mit der völlig überholten Bluebird eine Geschwindigkeit von ungefähr 530 km/h erreicht.

Bluebird

1956 fuhr die Bluebird, ein Schnellboot mit Düsenantrieb, auf einem See über 360 km/h.

Seezeichen

Schiffe und Boote müssen sich an bestimmte Vorschriften halten. Dazu lernen die Seeleute die Bedeutung der Zeichen und Signale, die gegeben und empfangen werden, sowie Leuchtturmsignale und Markierungen durch Bojen. Auch heute noch werden diese Seezeichen neben Funkmeldungen verwendet.

Leuchttürme

Leuchttürme stehen meist auf felsigen Landvorsprüngen. Ihr Licht, das Leuchtfeuer, warnt Schiffe und Boote vor Felsen und Klippen.

Leuchtturm

Feuerschiffe

Feuerschiffe kommen an Stellen zum Einsatz, auf denen man keinen Leuchtturm errichten kann, wie zum Beispiel auf einer Sandbank.

Backbord ist die linke Schiffsseite, Steuerbord die rechte Schiffsseite (vom Heck aus gesehen).

Feuerschiff

Bojen

Bojen zeigen für Schiffe gefährliche Stellen an, zum Beispiel Felsen unter Wasser, sogenannte Untiefen, oder auch Schiffswracks. Die Position der Bojen wird auch auf Seekarten vermerkt.

Rechtsverkehr

Eine der international geltenden Verkehrsregeln auf See lautet: rechts fahren. So werden Zusammenstöße von Schiffen vermieden. Außerdem müssen beide Schiffe ein kurzes Signal ertönen lassen.

Signale

Moderne Schiffe senden Funksignale aus, um die eigene Position mitzuteilen. Bei Nebel „hupen" die Schiffe außerdem meist.

Boje

Register

Antrieb (antreiben) 30, 31, 35–39, 43–45, 48
    Düsenantrieb 35, 48
Auftrieb 29

Backbord 49
Beiboote 34
Bojen 49

Container 40

Dampf 30
Dampfboote (-schiffe) 30, 31
Dampfmaschine 30, 31
Dampfturbine 29-31, 33, 43, 45
Deck 33, 41, 46, 47
Dock siehe Pier

Fährschiffe 28, 40
Feuerschiffe 49
Fischerei-Boote (-Schiffe) 47
Flügel 31, 32, 35, 43
Flugzeugträger 28, 48
Fock 36
Frachtschiffe 28, 40

Gondel 39

Heck 31, 34, 47

Kanu 39
Katamaran 37
Kiel 46
Kielschwert 36

Knoten 32, 48
Kolben 30, 35
Kreuzfahrtschiffe 28, 32
Kurbelwelle 30, 35

Leuchtfeuer 49
Leuchtturm 49
Lotsenboote 34
Luftkissenfahrzeuge 28, 42

Mast(-baum) 36, 37
Motorboote 28, 34, 35
Motoren 29
    Außenborder 34
    Dampfturbinenmotor 33
    Dieselmotoren 29, 30, 32–35, 44
    Elektromotoren 44
    Innenborder 34

Paddel 29, 38
Passagierschiffe 32, 33, 48
Periskop 44
Pier 41
Propeller 42

Queen Elizabeth II (QE2) 32, 33

Radarantenne 44
Radarsignale 41, 44
Riemen 29, 34, 38, 39, 42, 44, 45
Ruderblatt 36
Ruderboote 38
Ruderpinne 36
Rumpf 29, 37, 43, 44, 46

Satellit 33, 44
Schaufelräder 30, 31
Schiffsschraube 31, 32, 34, 35, 45
Schlepper 41
Seemeile 32
See-Rettungsfahrzeuge 28, 46
Seezeichen 49
Segelboote 28, 36, 37, 41
    Dreimastschiff 37
    Klipper 37

Sonargerät 44, 45
Staken 29, 39
Steuerbord 49
Stockenkahn 39

Takelung 36
Tanker 41, 48
Tauchzelle 44, 45
Tragflügelboote 43
Trawler siehe Fischerei-Boote
Trimaran 37
Turbinen 29, 31, 32
Turbinenraum 32
Turbinenwelle 31

U-Boote 28, 29, 44, 45

Ventile 30, 35

Zylinder 30, 35

Dritter Teil

Fahrzeuge in der Luft

Inhalt

- 52 Alles über Luftfahrzeuge
- 54 So fliegt ein Flugzeug
- 56 Verkehrsflugzeuge
- 58 Triebwerke
- 60 Auf dem Flughafen
- 62 Hubschrauber
- 64 Luftfahrzeuge – leichter als Luft
- 66 Windkraft
- 68 Erste Flugversuche
- 69 Berühmte Flüge
- 70 Raumfahrt
- 72 Die größten und schnellsten Flugzeuge
- 73 Luftsportarten
- 74 Register

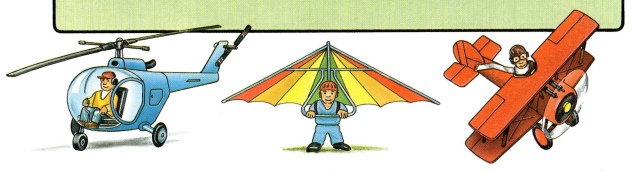

Alles über Luftfahrzeuge

Dieser Teil handelt von den verschiedensten Luftfahrzeugen. Es wird erklärt, wie sie fliegen und womit sie angetrieben werden. Zudem wird gezeigt, wie es auf einem Flughafen zugeht und wie Flugzeuge starten und landen. Außerdem kannst du einiges über Raumfahrzeuge erfahren.

Ein Hubschrauber kann in der Luft auf der Stelle stehen. Auf Seite 62 wird erklärt, wie das funktioniert.

Dies ist ein Doppeldecker. Auf Seite 68 wird gezeigt, wie der erste Doppeldecker aussah.

Warum Heißluftballons wie dieser schweben, kannst du auf Seite 64 nachlesen.

Auf Seite 70 siehst du das Triebwerk einer Rakete und wie es funktioniert.

Auf den Seiten 56–57 wird dieser Jumbo-Jet von innen gezeigt.

Antriebsarten

Ein Segelflugzeug hält sich nur bei aufsteigenden Luftströmungen in der Luft.

Dank leistungsstarker Turbinentriebwerke werden große Verkehrsflugzeuge über 900 km/h schnell.

Raketenmotoren treiben Raketen mit sehr hoher Geschwindigkeit ins All.

Dieses Flugzeug wird mit Solarenergie betrieben. Das Triebwerk arbeitet elektrisch mit Sonnenenergie.

Bestandteile eines Flugzeugs

Die beweglichen Teile an den Tragflächen und am Rumpfende eines Flugzeugs sind die Quer-, Höhen- und Seitenruder sowie die Lande- und Bremsklappen. Mit ihnen wird das Flugzeug in eine bestimmte Richtung gesteuert. Die Landeklappen und Bremsklappen werden zum Starten und Landen benötigt.

Seitenruder
Mit dem Seitenruder wird das Flugzeug nach links oder rechts bewegt.

Landeklappen
Diese Klappen an den Tragflächen werden bei Start und Landung ausgefahren.

Querruder
Die Querruder an der Flügelhinterkante können gekippt werden, so daß das Flugzeug einen Bogen fliegt.

Leitwerk

Höhenleitwerk

Tragfläche (Flügel)

Flugzeugrumpf

Cockpit

Nase

Höhenruder
Die Höhenruder werden nach oben oder unten bewegt, um die Flughöhe eines Flugzeugs zu verändern.

Einstiegstür

Bugräder

Triebwerk

Hauptfahrwerk

Bremsklappe
Die Bremsklappen befinden sich auf den Tragflächen. Werden sie hochgestellt, wird das Flugzeug langsamer und sinkt.

Im Einsatz

Heutzutage reisen viele Menschen mit dem Flugzeug. Dieser Airbus bietet über 200 Passagieren Platz.

Drachenfliegen ist ein beliebter Sport. Erfahrene Flieger können stundenlang in der Luft bleiben.

Luftschiffe werden manchmal zu Werbezwecken genutzt, weil sie sehr langsam fliegen können.

Satelliten im All dienen als Wettersatelliten oder auch als Fernsehsatelliten.

So fliegt ein Flugzeug

Wie hebt ein Flugzeug vom Boden ab? Dazu muß man etwas über Luft wissen. Wir werden ständig von Luft umströmt. Sie bildet Widerstand und hat ein bestimmtes Gewicht. Das spürt man, wenn einem Wind ins Gesicht bläst. Ein Flugzeug bleibt in der Luft, weil Luft an den Tragflächen entlangstreicht.

Flügel-Versuch

Halte einen dünnen Papierstreifen an die Lippen und blase kräftig ganz knapp über die Oberfläche. Der Streifen steigt, weil oben ein Sog und unten Überdruck entsteht.

Die Tragfläche

Die Tragflächen sind oben gewölbt und unten flach. So strömt Luft schneller über die Oberfläche. Der höhere Druck von unten treibt die Flügel aufwärts.

Luftwiderstand

Die Kraft, die während des Fluges gegen das Flugzeug wirksam wird, nennt man Luftwiderstand.

Kräfte beim Fliegen

Vier Kräfte werden wirksam, nämlich Auftrieb, Eigengewicht, Schubkraft und Luftwiderstand.

Auftrieb

Luft strömt über die Oberfläche der Tragflächen und drückt von unten, so daß das Flugzeug nach oben bewegt wird.

Schubkraft

Der Propeller „zieht" das Flugzeug vorwärts. Diese Kraft nennt man Schubkraft.

Eigengewicht

Das Eigengewicht zieht das Flugzeug nach unten und wirkt dem Auftrieb entgegen.

Wie Flugzeuge gesteuert werden

Ein Flugzeug muß Kurven nach rechts und links fliegen sowie auf- und absteigen können. Es hat Klappen, die Höhen- und Steuerruder, am Tragflächen-Leitwerk. Dazu bedient der Pilot bestimmte Steuervorrichtungen.

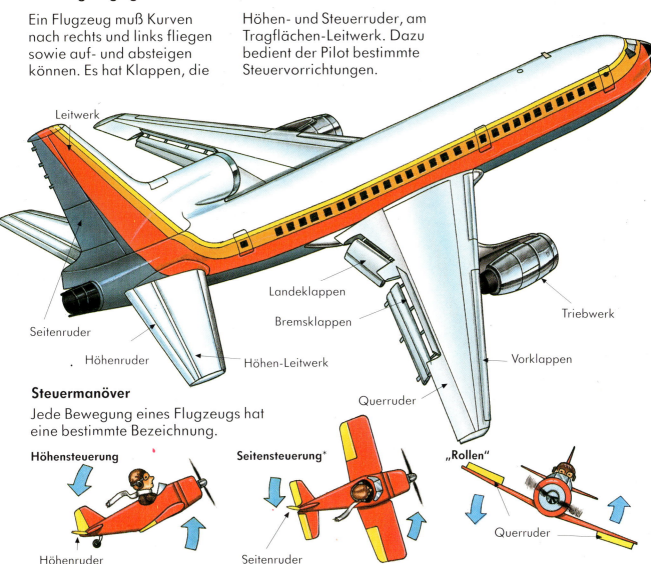

Steuermanöver

Jede Bewegung eines Flugzeugs hat eine bestimmte Bezeichnung.

Höhensteuerung

Werden die Höhenruder des Höhen-Leitwerks nach oben bewegt, steigt das Flugzeug; werden sie nach unten bewegt, sinkt es.

Seitensteuerung*

Das Seitenruder dient zum Wenden des Flugzeugs nach rechts oder links. Es wird zusammen mit dem Querruder bedient.

„Rollen"

Werden die Querruder der Tragflächen nach oben und unten bewegt, fliegt das Flugzeug in Drehbewegung um die Längsachse Kurven.

*Das Flugzeug ist von oben gezeigt.

Verkehrsflugzeuge

Mit großen Flugzeugen wie der Boeing 747 werden bis zu 500 Personen befördert. Die 747 ist derzeit das größte Verkehrsflugzeug. Dieser Jumbo-Jet erreicht eine Geschwindigkeit von fast 1000 km/h, eine Höhe von 15000 m und kann ohne nachzutanken ungefähr 10400 km zurücklegen.

Boeing 747

Seitenruder

Höhenruder

Sitzplätze
Die 747 faßt 500 Passagiere, befördert aber normalerweise 400, um den Fluggästen genügend Platz zu bieten.

Sitzplätze

Rumpf

Einzelteile
Eine Boeing 747 besteht aus über 4,5 Millionen Einzelteilen.

Fahrwerk
Auf dem Rollfeld steht die 747 auf zwei Bugrädern und 16 Haupträdern. Nach dem Start werden sie eingefahren.

Die Triebwerke eines Jumbo-Jets verbrauchen über 11000 Liter Treibstoff pro Stunde.

Rumpf-Zelle

Hauptfahrwerk

Landeklappen

Strahltriebwerk

Cargo 747

Diese 747 befördert ausschließlich Güter. Die Nase wird hochgeklappt, so daß vorn große Fracht eingeladen werden kann. Die Cargo 747 kann bis zu 130 Tonnen laden.

Die Boeing 747 hat eine Spannweite von ungefähr 60 m, ist über 70 m lang und fast 20 m hoch. Sie ist ein Großraumflugzeug. In einer Sitzreihe sind 10 Sitzplätze. Mitsamt Passagieren und Fracht wiegt die Boeing 747 ungefähr 400 Tonnen.

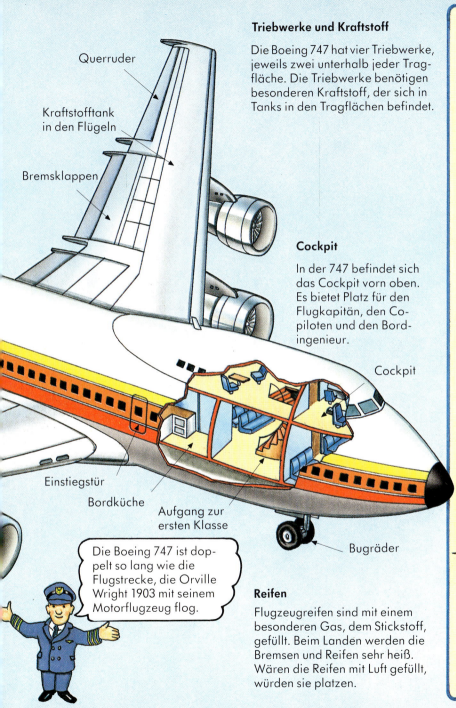

- Querruder
- Kraftstofftank in den Flügeln
- Bremsklappen
- Einstiegstür
- Bordküche
- Aufgang zur ersten Klasse
- Cockpit
- Bugräder

Triebwerke und Kraftstoff

Die Boeing 747 hat vier Triebwerke, jeweils zwei unterhalb jeder Tragfläche. Die Triebwerke benötigen besonderen Kraftstoff, der sich in Tanks in den Tragflächen befindet.

Cockpit

In der 747 befindet sich das Cockpit vorn oben. Es bietet Platz für den Flugkapitän, den Copiloten und den Bordingenieur.

Die Boeing 747 ist doppelt so lang wie die Flugstrecke, die Orville Wright 1903 mit seinem Motorflugzeug flog.

Reifen

Flugzeugreifen sind mit einem besonderen Gas, dem Stickstoff, gefüllt. Beim Landen werden die Bremsen und Reifen sehr heiß. Wären die Reifen mit Luft gefüllt, würden sie platzen.

Flügel-Formen

Flugzeuge haben unterschiedlich geformte Flügel. Die Form ist für die Geschwindigkeit eines Flugzeuges entscheidend.

Pfeilflügel

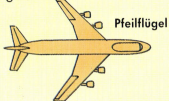

Die meisten Passagierflugzeuge haben Pfeilflügel. Sie ermöglichen eine höhere Geschwindigkeit.

Gerade Flügel

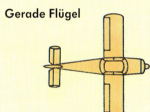

Kleine, leichte Flugzeuge haben gerade, dicke Flügel. Sie fliegen langsamer und nur kürzere Strecken.

Deltaflügel

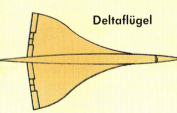

Die Concorde hat Deltaflügel. Die Spitzengeschwindigkeit liegt bei 2300 km/h. Das ist fast doppelt so schnell wie der Schall.

Triebwerke

Alle modernen Passagierflugzeuge haben Turbinentriebwerke. Die ersten Flugzeuge hatten wie Autos Kolbenmotoren, liefen mit Benzin, und der Motor trieb einen Propeller an, der das Flugzeug durch die Luft voranbewegte. Ein Turbinentriebwerk saugt vorn Luft an und stößt hinten Abgase aus.

Der Düsen-Luftballon

Blase einen Luftballon auf und halte ihn am Mundstück zu. Die Luft will nach allen Seiten entweichen. Beim Loslassen strömt die Luft aus, der Ballon saust davon.

Das Turbinentriebwerk

Ein Turbinentriebwerk verbrennt Kerosin. Die heißen Gase treiben die Turbinen unter hohem Druck an, werden durch die Schubdüse ausgestoßen und bewegen so das Flugzeug voran.

Kompressor

Der Kompressor besteht aus vielen Flügelblättern. Sie drehen sich sehr schnell, saugen so Luft an und versorgen das Triebwerk mit verdichteter Luft.

Das erste Düsenflugzeug

Die Heinkel HE 178 wurde 1939 von Ernst Heinkel gebaut. Sie war das erste Flugzeug mit Düsentriebwerk.

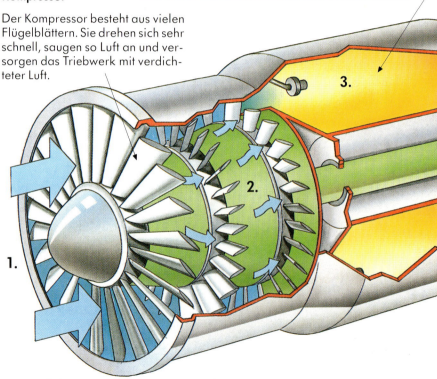

1. Wird das Triebwerk angeschaltet, drehen sich die Flügelblätter sehr schnell und saugen Luft in das Triebwerk.

2. Die heiße, verdichtete Luft strömt in die Brennkammer.

Brennkammer

In diese Luft wird Kerosin eingespritzt und entzündet sich: Heiße Gase und hoher Druck entstehen.

Turbine

Der hohe Druck bringt die Turbinen zum Drehen. Die Turbine treibt den Kompressor an, der weiter Luft ansaugt und das Triebwerk am Laufen hält.

Schubdüse

Durch die Schubdüse werden die Abgase ausgestoßen.

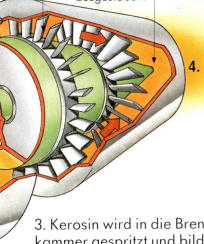

3. Kerosin wird in die Brennkammer gespritzt und bildet mit der Luft ein Gemisch. Das Gemisch wird entzündet, explodiert und bildet heiße Gase und hohen Druck.

4. Der hohe Druck treibt eine Turbinenwelle an, die Gase treten durch die Schubdüse aus.

Verschiedene Triebwerke

In den Abbildungen unten siehst du vier verschiedene Triebwerks-Arten, die jeweils unterschiedliche Flugzeugtypen antreiben.

Turbostrahltriebwerk

Das Turbostrahltriebwerk verursacht sehr viel Lärm, weil die Abgase unter sehr hohem Druck aus der Schubdüse ausgestoßen werden. Die Concorde hat ein solches Triebwerk.

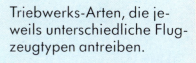
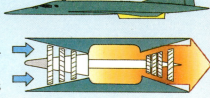

Fantriebwerk

Jumbo-Jets haben Fantriebwerke. Sie sind leiser und verbrauchen weniger Kraftstoff als Turbostrahltriebwerke. Ein Fantriebwerk hat zwei Kompressoren, wobei der vordere zugleich als Propeller dient.

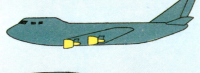
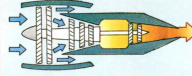

Turbopropellertriebwerk

Es bringt die Propeller zum Drehen, die wiederum das Flugzeug antreiben. Nur langsamere Flugzeuge werden so ausgerüstet.

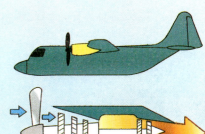

Gasturbinentriebwerk

Hubschrauber haben meist Gasturbinen, die sowohl die Rotoren als auch die Heckrotoren antreiben.

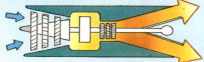

Auf dem Flughafen

Die ersten Flughäfen waren freies Gelände mit Zelten für die Reisenden und Hangars (Flugzeughallen) für die Flugzeuge. Viele internationale Flughäfen sind so groß wie eine Kleinstadt. Tausende von Menschen arbeiten dort in Läden, Restaurants, als Gepäckträger, Reinigungspersonal, Ingenieure und Zollbeamte.

Kontrollturm

Vom Kontrollturm aus werden die Start- und Landebahnen überblickt. Fluglotsen dirigieren Flugzeuge beim Starten, Landen und auf dem Vorfeld. Sie müssen die Positionen der jeweiligen Flugzeuge kennen, um Unfälle zu vermeiden.

Abfertigungshalle

Gepäckwagen

Vorfeld
Auf dem Vorfeld vor dem Flughafenterminal werden die Flugzeuge be- und entladen und frisch aufgetankt.

Hier wird Gepäck auf einen Gepäckwagen geladen.

Abfertigungshalle

Hier müssen sich die Passagiere für den Flug einchecken und das Gepäck aufgeben. Es gibt Geschäfte, Banken und Restaurants sowie Hinweise über Ankunfts- und Abflugzeiten.

Kraftstofftankwagen
Das Flugzeug wird von einem Tankwagen aus wieder aufgetankt.

Bodenpersonal

Sobald ein Flugzeug gelandet ist, macht das Bodenpersonal das Flugzeug für den nächsten Flug startklar.

Landen

Vor der Landung kündigen die Piloten über Funk ihr Eintreffen an. Sie erhalten vom Fluglotsen Landeerlaubnis.

Warteschleifen

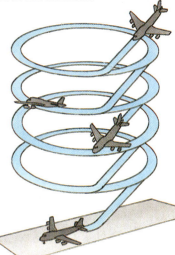

Treffen mehrere Flugzeuge zugleich zur Landung ein, müssen sie Warteschleifen ziehen. Dabei fliegen sie in einem Abstand von ungefähr 300 m übereinander.

Rollbahn

Start- und Landebahn

Start

Vor dem Start gibt der Pilot zum Kontrollturm (Tower) den Flugplan durch.

Die Rollbahnen sind gut sichtbar mit Linien markiert. Sie zeigen dem Piloten genau an, wohin er das Flugzeug manövrieren muß, während er zur Startbahn rollt.

Start- und Landebahn

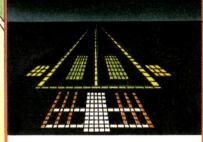

Bei Nacht dienen helle Lichter und weiße Markierungslinien den Piloten zur Orientierung.

Der Flugplan

Der Flugplan enthält den Zielort des Flugzeugs und genaue Angaben über Flughöhe und -geschwindigkeit. Der Kontrolldienst überprüft die Angaben sorgfältig, um sicherzustellen, daß es in der Luft keine Zusammenstöße gibt.

Hubschrauber

Hubschrauber können senkrecht auf einer kleinen Fläche starten und landen. Sie können in der Luft stehen, vorwärts, rückwärts und seitwärts fliegen. Die Rotorblätter eines Hubschraubers sind flügelförmig wie die Tragflächen eines Flugzeugs (siehe Seite 54). Schnelles Drehen der Rotorblätter hebt den Hubschrauber vom Boden ab.

Rotorblätter →

Turbine →

Rotorblätter
Der schwenkbare Rotorkopf und drehbare Rotorblätter ermöglichen die Richtungsänderung.

Steuerpedale
Mit den Steuerpedalen wird der Heckrotor angesteuert.

Kufen

In der Luft

Stehend

Ein Hubschrauber bleibt in der Luft stehen, wenn sich die Rotorblätter sehr schnell drehen und nicht geneigt sind.

Vorwärts

Der Pilot senkt die Rotorblätter nach vorn. Die Luft wird nach hinten gepreßt, der Hubschrauber fliegt vorwärts.

Rückwärts

Um rückwärts zu fliegen, senkt der Pilot die Rotorblätter nach hinten. Luft wird vorn angesaugt und bewegt den Hubschrauber rückwärts.

Heckrotor
Mit dem Heckrotor wird seitwärts gesteuert.

Senkrechtstarter

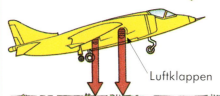

Die Klappen zeigen beim Starten und Landen nach unten.

Die Klappen zeigen im Flug nach hinten.

Luftklappen

Die Harrier kann ebenfalls senkrecht starten und landen. Das Triebwerk preßt die Abgase durch Luftklappen hinaus. Beim Start zeigen die Klappen nach unten. Der nach unten ausgestoßene Schub liefert dem Flugzeug die nötige Hubkraft. Dann werden die Klappen gedreht. So werden die Abgase nach hinten ausgestoßen.

Hubschrauber im Einsatz

Lasten-Hubschrauber

Seenot-Rettungs-hubschrauber

Unkrautvernichtung per Hubschrauber

Personenbeförderung per Hubschrauber

Mit Hubschraubern werden Menschen aus Seenot gerettet. An starken Stahlseilen werden Rettungskörbe zu Wasser gelassen.

Unkrautvernichtungsmittel werden bei großen Anbauflächen vom Hubschrauber aus gespritzt.

Dieser Hubschrauber transportiert ein schweres Bauteil zu einer Baustelle, die anders nicht zu erreichen wäre.

Per Hubschrauber werden Arbeiter auf die Bohrinseln gebracht. Bohrinseln haben Landeplätze für Hubschrauber.

Luftfahrzeuge – leichter als Luft

Die hier gezeigten Luftfahrzeuge unterscheiden sich von Flugzeugen: Sie sind leichter als Luft, haben keine Flügel, sondern werden mit Gas oder heißer Luft gefüllt, um sie flugfähig zu machen.

Der erste Ballon

Die ersten „Fahrgäste" waren eine Ente, ein Hahn und ein Schaf.

Die Brüder Montgolfier bauten 1783 den ersten Heißluftballon. Sie experimentierten zunächst mit rauchgefüllten Stoffbeuteln, die sie aufsteigen ließen.

Heißluftballons

Die ersten Luftfahrzeuge waren Ballons. Sie wurden mit heißer Luft gefüllt. Später verwandte man Gas, das leichter ist als Luft.

Haut aus Nylon · Taue · Gasbrenner · Korb

So fliegt ein Heißluftballon

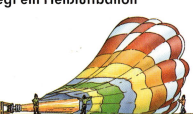

Mit einem Gasbrenner wird heiße Luft in den Ballon geblasen. Heiße Luft ist leichter als kühle Luft, also steigt der Ballon auf.

Um den Ballon in der Luft zu halten, wird die Luft im Ballon mit dem Gasbrenner bei Bedarf nachgeheizt. Ein Ballon läßt sich nicht steuern. Er fliegt mit der Windrichtung.

Zum Landen läßt man die Luft im Ballon abkühlen. Er wird schwerer und sinkt allmählich. Nach der Landung läßt der Ballonfahrer die restliche Luft entweichen.

Luftschiffe

Die ersten Luftschiffe waren ballonförmig und hatten Dampfmaschinen. Sie trieben einen Propeller an, der das Luftschiff voranbewegte. Es wurde mit Wasserstoff gefüllt.

Der Zeppelin

Starr-Luftschiffe wie der Zeppelin waren über 200 m lang.

Am Gerüst waren mit Wasserstoff gefüllte Zellen befestigt.

- Leitwerk
- Metallgerüst
- Propeller
- Dieses Luftschiff hatte fünf Propeller.
- Motor und Propeller
- Passagierkabine
- Die äußere Hülle bestand aus Stoff.
- Kraftstoff- und Wassertanks
- Führergondel

Das erste Luftschiff

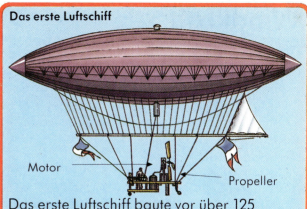

Motor — Propeller

Das erste Luftschiff baute vor über 125 Jahren der Franzose Henri Giffard. Es war über 40 m lang und wurde von einer kleinen Dampfmaschine angetrieben. Bei leichtem Wind war es manövrierfähig.

Das Luftschiff wurde vorn mit Drahtseilen an einem Ankermast festgemacht.

Unstarre Luftschiffe

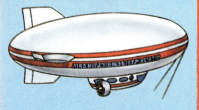

Dies ist ein unstarres Luftschiff. Sie dienen heutzutage noch als Trägerfahrzeuge für Kameras bei besonderen Ereignissen und zu Werbezwecken.

Starr-Luftschiffe

Der Deutsche Graf Ferdinand von Zeppelin war einer der bedeutendsten Erbauer von Luftschiffen. Sie waren mit Wasserstoff gefüllt und hatten Metallgerüste.

Zeppeline dienten zum Reisen und Transport. Als nach einer Brandkatastrophe viele Menschen starben, baute man kaum noch Luftschiffe.

Windkraft

Diese Fluggeräte haben keine Motoren. Bei den ersten Flugversuchen befestigte man Flügel an den Armen und sprang von einem steilen Hügel. Dann baute man „Hängegleiter", mit denen man aber nur kurze Strecken fliegen konnte. Moderne Segelflugzeuge bleiben bei günstigen Luftströmungen Stunden in der Luft.

Erster Gleitflug

Der Deutsche Otto Lilienthal flog vor über 100 Jahren als erster erfolgreich mit seinem Hängegleiter.

Moderne Segelflugzeuge

Sie bestehen aus leichten Materialien wie Furnierholz, Kunststoff oder Fiberglas.

Höhen-Leitwerk

Seitenruder

Cockpit

Der Rumpf ist schmal, damit er gut durch die Luft gleitet. Die Tragflächen sind lang und dünn, damit das Segelflugzeug größeren Auftrieb und Gleitwinkel erhält.

Segelflugzeug im Schlepptau

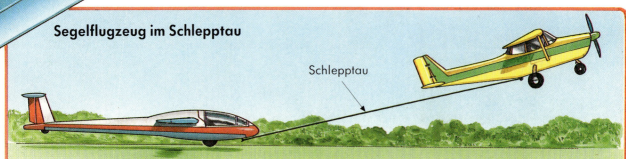

Schlepptau

Ein Segelflugzeug wird von einem Motorflugzeug in die Luft geschleppt und von einer Seilwinde hochgezogen. Bei ausreichender Höhe wird das Schlepptau ausgeklinkt.

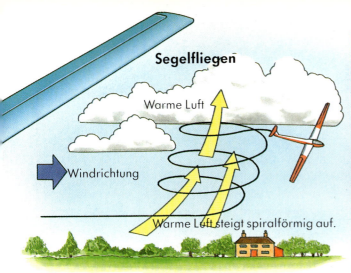

Segelfliegen

Um in der Luft zu bleiben, muß der Pilot warme, aufsteigende Luftströmungen finden. Das Aufsteigen warmer Luftströmungen heißt Thermik. Ein geübter Segelflieger „erkennt" sie und kann spiralförmig mit ihr aufsteigen.

Drachen

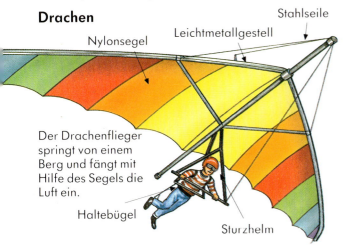

Ein Drachen funktioniert wie ein großer Papier- oder Stoffdrachen. Er besteht aus einem Nylonsegel und einem Leichtmetallgestell. Der Drachenflieger hängt unter dem Gestell an einem Haltebügel und steuert den Drachen durch Verlagerung seines Körpergewichts.

Fallschirme

Fallschirmspringen ist ein beliebter Sport. Ein solcher halbkugelförmiger Fallschirm sinkt mit etwa 40 km/h zur Erde und kann vom Fallschirmspringer gesteuert werden, so daß er damit ein bestimmtes Ziel anfliegen kann.

Absprung

Der Fallschirmspringer springt aus einem Flugzeug. Der Verpackungssack ist auf seinem Rücken. Das Ziehen der Leine öffnet den Fallschirm.

Nach wenigen Sekunden ist der Fallschirm ganz geöffnet. Zum Steuern zieht der Fallschirmspringer an bestimmten Steuerleinen.

Der Springer dreht den Schirm in den Wind, um vor der Landung „zu bremsen".

Erste Flugversuche

Es liegt keine 100 Jahre zurück, daß Menschen erstmals mit Drachen und motorbetriebenen Flugzeugen geflogen sind. Auf dieser Seite erfährst du etwas über die ersten Flugzeuge und wie sie angetrieben wurden. Auf der nächsten Seite sind einige der berühmtesten Flüge gezeigt.

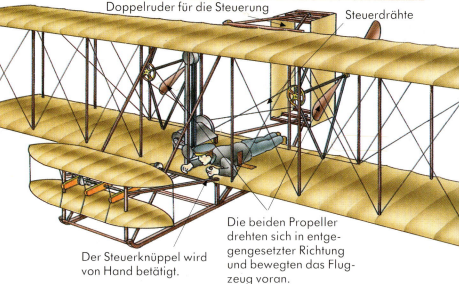

Über dem Erdboden

Fledermausähnliche Flügel

Sehr leichte Dampfmaschine

Die schwere Eole machte nur einen „Hopser".

Geschlossenes Cockpit

Clément Ader gelang es angeblich im Jahre 1890 erstmals, mit einem Dampfflugzeug, der Eole, von der Erde abzuheben.

The Flyer

Der Pilot betätigte die Seitenruder über Steuerseile.

Die Flügel des Doppeldeckers waren mit Segeltuch bespannt.

Erste Flugzeuge

Die Brüder Wilbur und Orville Wright, Erfinder des Motorflugzeuges, starteten erstmals 1903 mit ihrem selbstgebauten Flugzeug. Es war ein Doppeldecker mit zwei Flügeln übereinander.

Doppelruder für die Steuerung

Steuerdrähte

Der Steuerknüppel wird von Hand betätigt.

Die beiden Propeller drehten sich in entgegengesetzter Richtung und bewegten das Flugzeug voran.

Die Flyer der Gebrüder Wright hatte keine Pilotenkabine. Der Pilot steuerte das Flugzeug liegend auf dem unteren Flügel.

Anders als die Wright-Brüder starben viele der ersten Flugpioniere bei ihren Flugversuchen. Sie konnten ihre Flugmaschinen nicht kontrolliert steuern.

Wasserflugzeuge

Wasserflugzeug von Henri Fabre

Wasserflugzeug von Glenn Curtiss

Ein Wasserflugzeug startet und landet auf dem Wasser. Das erste flog 1910 der Franzose Henri Fabre. Im Jahr darauf flog der Amerikaner Glenn Curtiss ein Flugzeug, das ein Schwimmgestell und Räder hatte. Heute werden überall Wasserflugzeuge verwendet.

Berühmte Flüge

Zum Mond
1969 landeten erstmals Menschen auf dem Mond. Die amerikanische Besatzung flog in dem Raumschiff Apollo 11.

Erste Wasserüberquerung
Blériot flog in seinem selbstgebauten Eindecker, der Blériot 11.

Einer der wagemutigsten Flüge war der des Franzosen Louis Blériot. Er überquerte im Jahre 1909 als erster den Ärmelkanal.

Atlantiküberquerung
Im Jahre 1927 überquerte der Amerikaner Charles Lindbergh im Alleinflug als erster den Atlantik. Der Flug dauerte 33 Stunden und 39 Minuten.

Einmal um die Welt
Dem Amerikaner Wiley Post gelang im Jahre 1933 als erstem ein Flug rund um die Welt. Der Flug dauerte vom 15. bis 22. Juli.

Flug ins All
Der erste bemannte Flug ins All erfolgte 1961. Der russische Kosmonaut Jurij Gagarin umkreiste in der Wostok-1-Raumkapsel die Erde.

Nach Australien
Der erste Alleinflug von England nach Australien gelang der Pilotin Amy Johnson im Jahre 1930. Sie flog eine de Havilland Gypsy Moth.

Raumfahrt

Wo beginnt das All?

Die Erde ist umgeben von einer Luftschicht, der Atmosphäre. Weiter oben wird sie immer dünner, bis sie schließlich aufhört. Dort ist das All.

Durchs All fliegen

Ein normales Flugzeug kann nicht ins All fliegen, da das Triebwerk zum Verbrennen des Treibstoffes Luft braucht. Raketen führen Treibstoff und flüssigen Sauerstoff in Tanks mit.

Raketentriebwerke

Der Brennkammer wird Treibstoff und Sauerstoff zugeführt. Es entsteht ein Gemisch, das entzündet wird und heiße Gase bildet, die durch die Düse ausströmen und die Rakete antreiben.

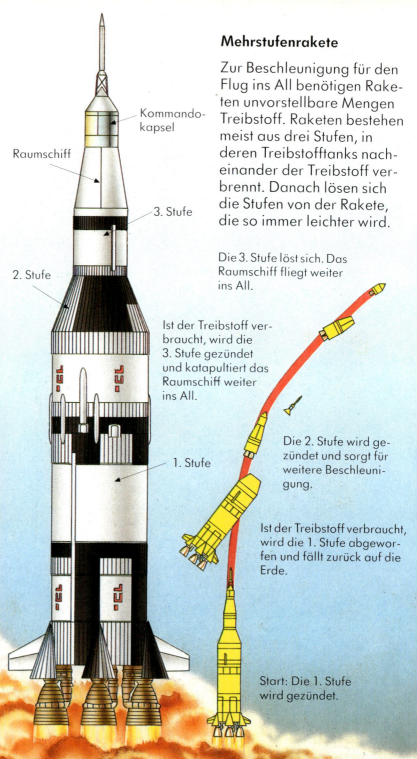

Mehrstufenrakete

Zur Beschleunigung für den Flug ins All benötigen Raketen unvorstellbare Mengen Treibstoff. Raketen bestehen meist aus drei Stufen, in deren Treibstofftanks nacheinander der Treibstoff verbrennt. Danach lösen sich die Stufen von der Rakete, die so immer leichter wird.

Die 3. Stufe löst sich. Das Raumschiff fliegt weiter ins All.

Ist der Treibstoff verbraucht, wird die 3. Stufe gezündet und katapultiert das Raumschiff weiter ins All.

Die 2. Stufe wird gezündet und sorgt für weitere Beschleunigung.

Ist der Treibstoff verbraucht, wird die 1. Stufe abgeworfen und fällt zurück auf die Erde.

Start: Die 1. Stufe wird gezündet.

Satelliten

Satelliten sind unbemannte Raumschiffe, die auf Umlaufbahnen die Erde umkreisen. Sie werden von Raketen ins All geschossen.

Nachrichtensatellit

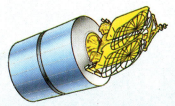

Satelliten wie dieser ermöglichen ein weltweites Telefonnetz und Satellitenfernsehen.

Wettersatellit

Wettersatelliten beobachten das Wetter für Wettervorhersagen.

Space Shuttle

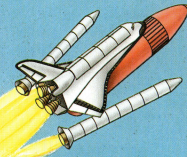

Er unterscheidet sich von anderen Raumschiffen dadurch, daß er wiederverwendet wird. Bei der Rückkehr zur Erde landet er wie ein Flugzeug.

Ins All

Überall auf der Erde herrscht eine Kraft, die Schwerkraft, durch die Dinge zur Erde gezogen werden. Wirft man einen Ball in die Luft, so fällt er wegen der Schwerkraft zurück auf die Erde.

Die Überwindung der Schwerkraft ist der schwierigste Teil der Raumfahrt. Deshalb muß eine Rakete sehr schnell fliegen, um ins All zu gelangen und einen Satelliten auf eine Umlaufbahn zu bringen.

Eine Rakete muß schneller als 40 000 km/h fliegen, um ins All zu gelangen.

Ein Satellit muß mit etwa 29 000 km/h von einer Rakete auf eine Umlaufbahn um die Erde gebracht werden.

Eine Rakete, die langsamer als 29 000 km/h fliegt, kann die Anziehungskraft der Erde nicht überwinden und würde zurück auf die Erde fallen.

Die größten und schnellsten Flugzeuge

Hier siehst du einige der größten und schnellsten Flugzeuge. Das größte Passagierflugzeug ist der Jumbo-Jet, der auf den Seiten 56–57 abgebildet ist. Im Jahre 1974 wurden in Australien mit einem Jumbo-Jet 674 Fahrgäste vor einem Wirbelsturm in Sicherheit gebracht.

Die größten Flugzeuge

Lockheed C-5A Galaxy, Amerika

Sie ist das größte Militär-Transportflugzeug der Welt. Sie kann 270 Soldaten, 2 Panzer und weiteres Gerät befördern.

Mil Mi-12, Sowjetunion

Dies ist der größte Hubschrauber der Welt. Er hat vier Motoren und wiegt ungefähr 100 Tonnen.

Zeppelin LZ 129, Deutschland

Dies war das größte Starr-Luftschiff, das je gebaut wurde. Es war fast 250 m lang; 3½ mal so lang wie ein Jumbo-Jet.

Die schnellsten Flugzeuge

Concorde, Frankreich

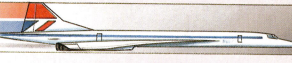

Lockheed SR-71, Amerika

Mit ungefähr 2300 km/h ist die Concorde das schnellste Verkehrsflugzeug und fast doppelt so schnell wie der Schall.

Dieses amerikanische Militär-Flugzeug ist etwas über 3500 km/h schnell; etwa 13mal so schnell wie das schnellste Auto.

Luftsportarten

Auf den meisten Luftsportschauen kann man spektakuläre Kunstflugdarbietungen und Flugkunststücke bestaunen.

Kunstflug

Die Piloten tragen starke Gurte, damit sie nicht aus dem Sitz geschleudert werden.

Himmelsstürmer

1934 überquerte Geoffry Tyson, ein berühmter Himmelsstürmer, auf dem Kopf fliegend den Ärmelkanal.

Der Kunstflug entwickelte sich nach dem Ersten Weltkrieg. Die Piloten zeigten wagemutige Flugkunststücke. Man nannte sie „Himmelsstürmer".

Geschwindigkeit

An einem Geschwindigkeits-Wettbewerb nehmen acht Flugzeuge teil und absolvieren einen markierten Kurs. Gemessen wird vom Start bis zur Landung.

Formationsflug

Manche Fliegerstaffeln zeigen auf Luftschauen in ganz Europa ihre Formationsflüge. Die neun Flugzeuge fliegen dicht nebeneinander und kreuzen mit hoher Geschwindigkeit die Flugbahn ihrer Mitflieger, wobei die Maschinen farbigen Rauch ausströmen.

Register

Airbus 53
All 69–71
Antrieb (antreiben) 52, 58, 59, 64, 65, 68, 70, 71
Atmosphäre 70
Auftrieb (auftreiben) 53–55, 64, 66, 67

Bremsklappen 53, 57
Brennkammer 58, 59, 70
Brennstoff siehe Treibstoff

Cockpit 53, 57, 68

Dampfmaschine 65, 68
Doppeldecker 52, 68
Doppelruder 68
Drachenflug 53, 67
Düsenflugzeuge 58

Eigengewicht 54
Eindecker 69

Fallschirm 67
Fahrwerk 53, 55, 56
Flügel 53–55, 57, 64, 66, 68
Flughafen 52, 60, 61
Flugkapitän siehe Pilot
Fluglotsen 60, 61
Flugplan 61

Hängegleiter 66
Heckrotor 59, 62, 63
Heißluftballons 52, 54

Helium 65
Höhenleitwerk 53, 55
Höhenruder 53, 55, 56
Hubschrauber 52, 59, 62, 72

Jumbo-Jet 52, 56, 59, 72

Kommandokapsel 70
Kompressor 58, 59
Kontrollturm 60
Kraftstoff siehe Treibstoff

Landebahn 61
Landeklappen 53, 55, 56
Landung (landen) 53, 57, 60–64, 67, 71
Luft(-strömung) 52, 54, 57–59, 61, 63–67, 70, 71
Luftschiffe 53, 65, 72
Luftwiderstand 54

Motoren 52, 58, 66, 68, 72
Motorflugzeuge 66, 68

Pilot 57, 61, 68, 69, 73
Propeller 59, 65, 68

Querruder 53, 55, 57

Raketen 52, 70, 71
Raumfahrt 70, 71
Raumschiff (-fähre) 69–71
Rollbahn 61
Rotor 59, 62

Rotorblätter 62
Rotorkopf 62
Ruder 53, 55–57, 68
Rumpf 56, 66, 68

Satelliten 53, 71
Schubdüse 58, 59
Schubkraft 54, 63
Segelflugzeuge 52, 66
Seitenruder 53, 55, 56, 68
Start (starten) 53, 61–64, 66, 70, 71
Startbahn 61
Steuerung (steuern) 55, 62, 64, 67, 68
Stufen 70

Tragflächen siehe Flügel
Tragflächenleitwerk 55
Treibstoff 56, 57, 59, 60, 70
Treibstofftank 57, 65, 70
Triebwerke 52, 55, 56, 58, 59, 63, 70
Turbinen 52, 58, 59
Turbinenwelle 59

Umlaufbahn 71

Verkehrsflugzeuge 52, 56, 72
Vorfeld 60

Wasserflugzeuge 68
Wasserstoff 65
Wind(-kraft) 66

Zeppelin 65, 72